Deutsche Oper – einst und jetzt

Wulf Konold

Deutsche Oper – einst und jetzt

Überlegungen und Untersuchungen zu Geschichte und Gegenwart des deutschen Musiktheaters

Im Auftrag von
INTER NATIONES

Bärenreiter Kassel · Basel · London 1980

Meiner verehrten Lehrerin
Frau Professor Dr. Anna Amalie Abert
zugeeignet

CIP-Kurztitelaufnahme der Deutschen Bibliothek

Konold, Wulf:
Deutsche Oper, einst und jetzt: Überlegungen u.
Unters. zu Geschichte u. Gegenwart d. dt. Musiktheaters /
Im Auftr. von Inter Nationes. –
Kassel, Basel, London: Bärenreiter, 1980. ISBN 3-7618-0627-2

In Zusammenarbeit mit
INTER NATIONES · Bonn

Gesamtherstellung Bärenreiter Kassel
Printed in the Federal Republic of Germany
ISBN 3-7618-0627-2
[redacted]

Inhalt

Vorwort

„Deutsche Oper – einst und jetzt": ein thematischer Rahmen, der – im Detail ausgearbeitet, Bibliotheken füllt und ganze Forschergenerationen beschäftigt hat. Die innerhalb dieses musikhistorischen, sozialgeschichtlichen und soziologischen Bereichs möglichen Fragestellungen und Lösungsvorschläge kann das vorliegende schmale Bändchen naturgemäß nicht im Ansatz erfüllen, und es zielt von seiner Intention her auch auf anderes: auf einen knappen, teilweise exemplarischen Überblick über Geschichte und Gegenwart einer Gattung und einer Institution; denn Oper meint hier beides: die musikalische Gattung des Bühnenwerkes in deutscher Sprache, und die kulturelle Institution des Musiktheaters, des Opernhauses, also Werk und Aufführungsort gleichermaßen. Die folgenden Seiten wollen versuchen, dem interessierten Leser einen Einblick zu verschaffen in die mehr als dreihundertfünfzigjährige Entwicklung der Gattung Oper in deutscher Sprache und auf deutschem Boden, wollen ihm einen Eindruck vermitteln von der vielgestaltigen Wirklichkeit des heutigen deutschen Musiktheaters, das sich so nachdrücklich unterscheidet von dem in anderen Ländern und anderen Kontinenten, und Historie und Gegenwart sollen sich vermitteln zu einem Verständnis dessen, was ist, aus dem Verständnis daraus, wie es geworden ist, auf welchen Voraussetzungen es fußt.
Zum „einst": vorausgeschickt ist ein knappes Kapitel, das sich mit der Entstehung und frühen Geschichte der Gattung Oper beschäftigt; ihm folgen zwei ausführlichere Abschnitte, die sich mit wichtigen Entwicklungsphasen der Oper in Deutschland befassen: mit der Barockoper und mit der Zeit zwischen 1770 und 1850, in der sich Nationalsingspiel und deutsche romantische Oper ihren Platz erkämpften. Dazwischen zwei Lokaltopographien: die Geschichte der Oper in Hamburg und in Dresden, jene eine Gründung von Bürgern, diese eine Hofoper. Und schließlich die Schilderung von zwei sehr gegensätzlichen Initiativen: zum einen die weltberühmte, inzwischen mehr als einhundert Jahre währende Geschichte der Bayreuther Festspiele, zum anderen das kurzlebige, aber höchst anregende Experiment der Berliner Krolloper zwischen 1927 und 1931.
Zum „jetzt": hier gliedert sich der Stoff in zwei größere Abschnitte: zum einen eine Bestandsaufnahme über das bundesrepublikanische Opernwesen, wie es im Jahre 1978 aussieht, mit einigen Zahlen und Statistiken, mit kurzen Porträts der wohl wichtigsten deutschen Opernhäuser in Hamburg, Berlin, Düsseldorf, Köln, Frankfurt, Nürnberg, Stuttgart und München, sowie – exemplarisch für ein mittleres Stadttheater und ein kleines Landestheater – der Opernhäuser in Kiel und Trier; zum anderen der Versuch, diesen Zustandsbericht zu vertiefen und zu problematisieren an allgemeinen Strukturfragen des deutschen Musiktheaters: von der Organisationsform und der Finanzierung über den Sozialstatus der Bühnenmitglieder, über Berufsaussichten und Nachwuchsprobleme bis zum Spielplan und zur Publikumsstruktur.

Auch solch eine knappe, einführende Studie ist nicht denkbar ohne die Vorarbeit anderer. Dank zu sagen habe ich den folgenden Personen und Institutionen, die mir mit Hinweisen, Ratschlägen, Kritik und der Bereitstellung von Büchern und Materialien behilflich waren: Herrn Jochem Wolff, meinem Dramaturgie-Kollegen von der Hamburgischen Staatsoper, Dr. Susanne Vill und Thomas Siedhoff vom Forschungsinstitut für Musiktheater der Universität Bayreuth, der Universitätsbibliothek und der Bibliothek des Musikwissenschaftlichen Instituts der Universität des Saarlandes und schließlich Frau Dagny Müller, die das Manuskript kritisch gegengelesen hat.

Saarbrücken, im August 1978 Wulf Konold

Die Oper – ein Mißverständnis

Die Oper, die bis heute fruchtbare musikdramatische Vereinigung von Wort, Ton und Szene, beruht – um es überspitzt auszudrücken – auf einem Mißverständnis: sie verdankt ihre Entstehung einem Experiment, dem „Zusammentreffen von gelehrt-archaistischen und künstlerisch-avantgardistischen Strömungen im glänzenden Rahmen der höfisch-aristokratischen Gesellschaftsstruktur"[1], wie es am Ende des 16. Jahrhunderts innerhalb der Florentiner ‚Camerata' um den Fürsten Giovanni Bardi, einem Kreis von Wissenschaftlern, kunstinteressierten Kennern und Liebhabern und einigen Musikern, zustandegekommen war. Voraussetzung also für diese bewußte Setzung einer Gattung, die sich nicht entwickelt, sondern deren Beginn auf den Tag genau zu bestimmen ist, ist eine der einschneidenden gesellschaftlichen und geistigen Veränderungen in der europäischen Geschichte, die man – einen Begriff aus der Kunstgeschichte entlehnend – allgemein als Renaissance bezeichnet. Ernst Bloch hat die Aufbruchsstimmung dieser Zeit beschrieben:
„Im einzelnen Menschen werden Kräfte geahnt und Kräfte entdeckt, die bisher nicht gesehen worden waren, Kräfte, die nicht geringer erscheinen als jene, die die neue Technik im gleichen sozialen Auftrag zu entbinden hatte; die Renaissance ist das Zeitalter der Erfindung von neuen Produktionsmitteln, noch eines Leonardos Muse war reich mit dieser Technik beschäftigt. Aber der Erfindende, der Wagende ist selbst ein Novum unter den Produktivkräften. Das spiegelt sich im Überbau, und lehrreicherweise gerade in einem scheinbar so ätherischen und entfernten wie dem der Musik. Der mittelalterliche A-cappella-Chor verschwindet zwar nicht, tritt aber zurück, es verschwindet der gleichsam ständische Kontrapunkt, worin die Stimmen übereinander klangen, wo horizontal gehört wurde, wo sich eine Stimme nach der anderen einflocht und alle den fest gegebenen Cantus firmus sangen. Der Cantus firmus war von den Stimmen kontrapunktisch umspielt, das gleiche Thema wurde von allen Ständen variiert. Nun aber rückt im stile nuovo der neuzeitlichen Musik der Cantus firmus nach oben und wird zur Melodie, zur melodieführenden Stimme, und die anderen Stimmen verarmen, werden zur Begleitung herabgesetzt, erlangen aber eine freie Beweglichkeit. Die sangbare Melodie, die bisher nur in Volksmusik und beim Troubadour vorkam, ist geboren und wird getragen von der prima donna oder dem primo uomo oder dem großen Virtuosen"[2].
Bloch weist hier auf mehrere Elemente hin, die für den Beginn der Oper wichtig wurden und vielfach bis heute in ihr gelten: der Sieg des Individualismus über das ständische Kollektiv, die Betonung der Oberstimmen-Melodie gegenüber dem Kontrapunkt, schließlich die Volkstümlichkeit und Sangbarkeit der Melodien.

[1] Anna Amalie Abert: Art. „Oper", in: Die Musik in Geschichte und Gegenwart, Bd. 10. Kassel 1962, Sp. 4.
[2] Ernst Bloch: Vorlesungen zur Philosophie der Renaissance. Frankfurt 1972, S. 8f.

Doch das Mißverständnis? Es beruhte darin, daß sich die Wissenschaftler und Künstler der Florentiner Camerata vorgenommen hatten, das antike Drama wiederzubeleben – ganz im Sinne des Begriffes ‚Renaissance'. Die „Geburt der Tragödie aus dem Geiste der Musik" – jener Titel des Nietzsche-Buches hätte auch als Überschrift für die damaligen Bemühungen dienen können. Jedoch: die Kenntnisse der antiken Tragödie waren damals noch schmaler als heute, wo man sich über die Rolle der Musik immer noch nicht einig geworden ist; fest steht nur, daß es sich um eine durchkomponierte Einheit von Wort und Ton wohl nicht gehandelt hat. Das Interesse des Gebildeten für die Antike hatte jedoch nicht nur literarische oder künstlerische Gründe: der Soziologe Alfred von Martin hat in seiner „Soziologie der Renaissance" auf die zugrundeliegenden gesellschaftlichen Ursachen hingewiesen: „Von dem ihm zu hellen und grellen Licht einer rationalen Zivilisation zieht der humanistische Romantiker sich zurück in das Halbdunkel einer unwirklichen, nämlich nur literarischen Welt, einer fernen – einer möglichst weit ‚zurück' verlegten Traumwelt, in der er sich seine Wunderwelt aufbauen kann. Weil ihm seine Gegenwart so wenig behagt, flüchtet er sich in die ‚ideale' Vergangenheit, die Antike – wohin ihm die Masse nicht folgen kann"[3]. „Erst in dieser Isolierung aber – gegenüber dem Einbau in das überkommene Kulturerbe wie gegenüber der Gegenwart – vermochte die Antike das zu leisten, was der Humanismus von ihr wollte: nämlich der neuen, weltlichen Bildungsschicht ein Symbol und Palladium ihrer Selbständigkeit nach beiden Seiten hin zu werden: gegenüber der alten geistlichen Bildungsschicht wie gegenüber der neuen bürgerlichen besitzenden Schicht, von deren nüchternem Zivilisationsrealismus und Rationalismus man sich durch einen romantischen Kulturidealismus distanzieren mußte"[4]. Und ein drittes Element – neben der Wiederbelebung der Tragödie, in der sich gleichermaßen Züge eines archaischen Eskapismus wie einer Förderung der damaligen musikalischen Avantgarde trafen – kommt hinzu: „Die Individualität des Künstlers wie auch die des Bestellers treten in einer nie zuvor gekannten Weise hervor. Und indem der Kenner den Maßstab der Virtuosität anzulegen weiß, fördert er die Entstehung einer artistischen Kunst"[5], die zugleich noch einem weiteren Interesse diente: dem der Repräsentation.

Nicht, daß es vor den Bemühungen der Camerata keine Verbindung von Wort, Musik und Szene gegeben hätte: man denke nur an die zahlreichen Chöre, Tänze und Gesangssoli im Sinne heutiger Schauspielmusiken, die seit dem 15. Jahrhundert nachgewiesen sind, an die Musik in Schulkomödien, an szenische Einlagen in Balletten, schließlich an die Madrigalkomödien Adriano Banchieris und Orazio Vecchis – doch in der hier beschriebenen Konzentration geistiger und künstlerischer Bestrebungen manifestiert sich die Oper als neue Gattung, musikalisch basierend auf der Monodie, textlich auf der Favola pastorale, in der 1597 im Hause Jacopo Corsis in Florenz aufgeführten „Dafne" mit dem Text von Ottavio Rinuncini und der Musik von Jacopo Peri.

[3] Alfred von Martin: Soziologie der Renaissance. München ^{3}1974, S. 84.

[4] Martin, a. a. O., S. 84.

[5] Martin, a. a. O., S. 105.

Die Oper blieb einige Jahrzehnte eine aristokratisch-höfische, gelehrt-kennerhafte Unterhaltung: die „Euridice" der gleichen Autoren wurde 1600 vor einem glänzenden Publikum am Medicäerhof aus der Taufe gehoben, und auch Claudio Monteverdis erstes Werk im neuen Genre, sein heute noch gespielter „Orfeo", hatte Premiere im Großen Spiegelsaal des Palazzo Ducale der Gonzaga in Mantua. Neben Florenz und Mantua wurden Bologna und Turin Pflegestätten der Oper, und auch in Rom faßte sie Fuß: hier aber zuerst im Betsaal und im Priesterseminar (1600 Emilio de Cavalieris „Rappresentatione di anima e di corpo"), und daher weniger mit antiken als mit geistlich-moralisierenden Texten, aber mit dem gleichen Prunk und szenischen Aufwand wie an den weltlichen Fürstenhöfen.
Doch die Exklusivität der neuen Gattung wurde alsbald aufgebrochen: 1637 öffnete in Venedig mit dem Teatro San Cassiano das erste allen zahlenden Zuschauern zugängliche Opernhaus seine Pforten, und andere Häuser in anderen italienischen Städten folgten. Der Übergang von der aristokratischen Opernpflege zur demokratischen blieb nicht ohne Folgen für den Stil der Werke. „War eine Opernaufführung bisher ein gesellschaftliches Unternehmen gewesen, das man nur dann plante, wenn es von vornherein pekuniär gesichert war und dessen Haltung von dem veranstaltenden Hof und den gleichgesinnten geladenen Gästen bestimmt war, so wurde sie in Venedig zum Geschäftsunternehmen, das sich selbst tragen mußte und darum auf die Gunst des zahlenden Publikums angewiesen war. Anstelle der Fürsten und Aristokraten, deren Macht und Ansehen an der Pracht ihrer Darbietungen gemessen wurde und die sich infolgedessen darin überboten, soweit es in ihren Kräften stand, erschien jetzt zum ersten Mal in der Geschichte der Oper der von wirtschaftlichen Sorgen bedrohte, zur Sparsamkeit gezwungene, auf „Kassenerfolge" angewiesene Theaterunternehmer und ihm gegenüber ein bunt zusammengewürfeltes Publikum mit eigenen Ansprüchen"[6]. Rom, Venedig und – um die Wende zum 18. Jahrhundert – Neapel waren die Zentren der italienischen Opernkunst, die sich schnell auf andere Länder ausbreitete und auch in Deutschland Boden gewann. Doch bevor darauf ausführlich eingegangen werden soll, ein kurzer Blick auf ein anderes, für die Entwicklung der Gattung und der Institution Oper gleichermaßen wichtiges Land: auf Frankreich.
Stand in Italien, insbesondere in der neapolitanischen Oper, die Vorherrschaft der Musik gegenüber dem Text, der virtuosen Arie gegenüber dem Drama fest, so war es in Frankreich gerade umgekehrt: hier dominierte die Sprache, der Text, war die Musik zweitrangig. Der Ausgangspunkt war ganz ähnlich wie jener in Florenz: in der „Academie de Poésie et de Musique" in Paris, gegründet und geleitet von dem Dichter Jean-Antoine de Baïf, bemühte man sich ebenfalls um eine Neubelebung des antiken Dramas, doch führte dies nicht zur Oper, sondern zum Ballet de cour, einer höfischen Kunstform, die schon alle Züge der französischen Barock-Oper trägt: Neigung zu prächtiger Ausstattung, zu vokalen und instrumentalen Aufzügen und Tänzen, die Bindung an höfische Konvention und die Ehrfurcht vor dem Wort und dem Versmaß. Unter der Regentschaft des aus Italien gebürtigen Kardinals Mazarin gewann die

[6] Abert, a.a.O., Sp. 7.

italienische Oper in den vierziger Jahren des 17. Jahrhunderts Einfluß in Paris, und in Anlehnung und Konkurrenz zu ihr entstanden seit 1660 die Comédie-ballets und Tragédies lyrique des Textdichters Philippe Quinault und des – als Giovanni Battista Lulli in Florenz geborenen – Komponisten Jean-Baptiste Lully.
Italienische Gesangsoper und französische Wortoper – diese beiden Elemente der neuen Vereinigung von Wort, Musik und Szene wirkten nun seit Beginn des Jahrhunderts und verstärkt nach der Jahrhundertmitte auf das deutsche Musikleben, wurden dort gepflegt und bildeten gleichermaßen den Ausgangspunkt für die Entwicklung einer eigenständigen deutschen Oper.

Die Barockoper in Deutschland

Es dauerte nicht lange, bis die neue musiktheatralische Kunst aus Italien über die Alpen drang und hier aufgeführt, übersetzt und den örtlichen Verhältnissen angepaßt wurde; ja ein erstes Beispiel einer eigenständigen deutschen Oper findet sich sogar noch vor den ersten französischen Opern: 1627 wurde in Torgau, zur Hochzeit der Tochter des sächsischen Kurfürsten Johann Georg I. mit dem Darmstädter Landgrafen Georg II., die Oper „Dafne" mit der Musik von Heinrich Schütz und mit einem Text, den Martin Opitz nach dem Vorbild Rinuncinis verfaßt hatte, aufgeführt; über die Form des Werkes läßt sich, da die Partitur verloren ist, wenig sagen. Ein zweites Beispiel findet sich in dem gelehrt-bürgerlichen ‚geistlichen Waldgedicht' „Seelewig" von Georg Philipp Harsdörfer, zu dem der Nürnberger Kapellmeister Sigmund Theophil Staden die Musik, „auf Italienische Art gesetzet", geschrieben hatte und das 1644 in Nürnberg aufgeführt wurde. Für die erste Hälfte des 17. Jahrhunderts sind dies die einzigen Quellen einer genuin deutschen Oper. Der Grund: der von 1618 bis 1648 tobende Dreißigjährige Krieg, der sich in erster Linie in Deutschland abspielte, ließ eine derart aufwendige Kunstpflege nicht zu, und erst mit dem wirtschaftlichen und politischen Wiedererstarken der deutschen Fürstenhöfe und freien Städte findet sich eine vermehrte Pflege des Musiktheaters nach italienischem oder französischen Vorbild sowie der Versuch, aus beiden unter Hinzunahme eigener musikalischer Tradition eine eigenständige nationale Gattung zu entwikkeln.

Anders als im zentralistischen Frankreich, anders auch als im zwar regional aufgesplitterten, in der Opernpflege jedoch relativ einheitlichen Italien finden sich in der zweiten Hälfte des 17. Jahrhunderts auf deutschem Boden die verschiedensten Erscheinungsformen der neuen Gattung nebeneinander. Da gab es gleichermaßen repräsentativ ausgestattete, ganz nach italienischem Vorbild angelegte Hoftheater, wie in Salzburg (seit 1617), in Wien (seit 1629), in München (seit 1653) und in Dresden (seit 1662). Natürlich dominierte hier auch das italienische Opern-Repertoire, das in Wien und München bis ins 19. Jahrhundert hinein vorherrschend war, und natürlich waren es in erster Linie Italiener, die hier den Opernbetrieb gestalteten: vom Sänger bis zum Orchestermusiker, vom Kapellmeister bis zum Theaterarchitekten und Bühnenbildner. Daneben gab es Bühnen, die mehr vom französischen Singballett beeinflußt waren, wie Braunschweig-Wolfenbüttel (seit 1685) und Hannover-Celle (seit 1672). Und schließlich gab es eine reiche Fülle von kleineren Residenzen und Städten, die sich um die Erhaltung einer deutschen Oper bemühten und dabei weder italienischen noch französischen Einfluß im Textsujet, in der Musik und in der formalen Anlage der Werke, aber auch in Gestalt von Sängern und Instrumentalisten scheuten – wobei jedoch deutlich wird, daß der italienische Einfluß abnimmt, je weiter man nach Norden kommt, und der französische in erster Linie in den westlichen Gegenden, insbesondere in den Residenzen am Rhein, vorherrschend ist.

Die spezifische Entwicklung der Opernkunst und Opernpflege in Deutschland soll im folgenden ausführlich am Beispiel der ‚Bürgeroper' in Hamburg (seit 1678) und der ‚Hofoper' in Dresden (seit 1662) dargestellt und dokumentiert werden; an dieser Stelle soll es darum gehen, einen Überblick über die Opernlandschaft in der zweiten Hälfte des 17. und im beginnenden 18. Jahrhundert zu geben – verdankt doch Deutschland seine ansonsten unvergleichbare Theaterstruktur der politischen Zersplitterung und kulturellen Dezentralisierung, die durch die Existenz von mehr als dreihundert souveränen, autonomen, miteinander konkurrierenden Staatsgebilden ohne wirksame Zentralgewalt gegeben war. Zwischen 1650 und 1730 gab es auf deutschem Boden achtundvierzig mehr oder weniger regelmäßig spielende Opernhäuser: vom Hoftheater in Gottorf (bei Schleswig) im Norden bis nach Innsbruck im Süden, von Düsseldorf und Bonn im Westen bis nach Breslau und Danzig im Osten. Während sich in Norddeutschland, in den wenigen reichen Hansestädten und großen Fürstentümern, nur insgesamt sechs Opernhäuser etablierten: in Gottorf (1668–1694), in Hamburg (1678–1738), in Danzig (1646, 1689, 1741), in Hannover-Celle (1653–1697), in Braunschweig-Wolfenbüttel (1657–1735) und in Berlin (1694–1708), gab es in den rheinischen und badisch-württembergischen Reichsteilen schon eine größere Theaterdichte: neben den großen Residenzen Düsseldorf (1680–1713) und Bonn (1695–1748), Darmstadt (1673–1717), Mannheim (1683–1742), Heidelberg (1661–1723) und Stuttgart (1657–1737) fanden auch in den kleinen Residenzstädten Baden-Rastatt (1657–1724) und Durlach (1666–1732) in relativ regelmäßiger Folge Opernaufführungen statt. Der süddeutsche Raum ist mit neun Opernpflegestädten ähnlich dicht ausgestattet wie der Westen; hier wird in großen Städten gespielt, in Residenzen wie München (1653–1744), Salzburg (1618–1727), Innsbruck (1654–1717) und Wien (seit 1641), in kleineren Residenzstädten wie Augsburg (1690–1745, aber zumeist nur von durchreisenden Wandertruppen ausgeführt), Bayreuth (1662–1726), Ansbach (1673–1699) und Neuburg a.d. Donau (1662–1718), aber auch in der Freien Reichsstadt Nürnberg (1644–1719). Der Osten des Deutschen Reiches weist kaum Opernhäuser oder einzelne Opernaufführungen auf: lediglich in Breslau (1711–1734), in Prag (1627–1738) und Dresden (1627–1731) sind Aufführungen nachgewiesen. Dafür drängen sich im mitteldeutschen Raum, zwischen Halle und Coburg, zwischen Kassel und Altenburg fast zwanzig Opernpflegestätten, zumeist in kleinen und kleinsten Residenzen, in Sondershausen (1696–1740), in Merseburg (1672–1681), in Naumburg (1705–1733) und Weissenfels (1684–1735), in Meiningen (1677–1722) und Arnstadt (1700–1708), in Eisenberg (1681–1696) und Eisenach (1684–1740), in Römhild (1692–1702), Rudolstadt (1680–1753), Coburg (1683–1717) und Altenburg (1652–1728), aber auch in größeren Orten wie Gera (1700–1738), Gotha (1683–1747), Halle (1654–1717), Jena (1656–1737), Kassel (1701–1729), Leipzig (1693–1719) und Weimar (1684–99)[1].

Die den einzelnen Ortsnamen hinzugefügten Jahreszahlen bedeuten nun nicht, daß dort in dieser Zeit ununterbrochen Opern gespielt worden wären: sie markieren nur den

[1] Angaben und Jahreszahlen nach: Renate Brockpähler: Handbuch zur Geschichte der Barockoper in Deutschland. Emsdetten 1964.

Anfangs- und Endpunkt von dokumentarisch nachgewiesenen Aufführungen, und dabei kann es sich gleichermaßen um einzelne, jeweils zu besonderen festlichen Anlässen inszenierte Veranstaltungen handeln, wie z.B. in Baden-Rastatt, wo zwischen 1657 und 1724 insgesamt sieben Opern- und Ballettaufführungen nachgewiesen sind, darunter zwischen 1718 und 1721 zwei Werke des Badener Hofkapellmeisters Johann Caspar Ferdinand Fischer, betitelt „Meleagers Gelübd-mäßiges Ehren-Feuer-Opfer zur Versöhnung Dianae" und „Vergnügte Ehe-Liebe in hochbeglücktester Wiederkunft Ancaeens zu seiner Ehe-Verlobten Alcathoe", also allegorisch-antikisierende Stücke, in denen gleichzeitig einzelne Mitglieder des Fürstenhauses gepriesen wurden. Gespielt wurde in diesen kleineren Residenzen zumeist in den Festsälen der fürstlichen Schlösser, wohl auch – wie unter anderem für Hannover-Herrenhausen nachgewiesen – in Gartentheatern, ansonsten in Rathaus- oder Gasthaussälen und – soweit ein moralisierender Inhalt es zuließ – auch in Kirchen. Symptom für eine regelmäßige Opernpflege ist durchweg der Bau eines eigenen Opernhauses, zumeist nach italienischem Vorbild, also als in die Höhe gebautes Rangtheater mit einer zentralperspektivischen Kulissenbühne. Gebaut wurden solche Häuser in München (1654–58), in Wien (1659), Dresden (1664/67), in Hamburg (1678), Hannover (1687), Braunschweig (1690) und, fast ein Jahrhundert später, in Bayreuth (1749), also bis auf Hamburg durchweg in größeren Residenzen, was nicht nur auf die sich in solchen, zum Teil riesenhaften Bauten entfaltende Prunk- und Repräsentationssucht der Fürstenhäuser zurückführen läßt, sondern auch zu erklären ist mit den hohen Kosten, die die Errichtung und der Betrieb eines Opernhauses mit sich brachten und die – defizitär schon damals – stets nur durch Zuschüsse aus der Privatschatulle des Fürsten am Leben und Spielen erhalten werden konnten.

Das Theaterpersonal war aus den verschiedensten Bevölkerungsgruppen und Ständen zusammengesetzt: vom Intendanten, der zumeist der Aristokratie zugehörte, wenn sich nicht sogar, wie in Braunschweig Herzog Anton Ulrich, der Fürst selbst um die Verwaltung seines Opernhauses kümmerte und auch zum Teil die Texte verfaßte, über die Hofkapellmeister und Theaterarchitekten bis zu den Sängern, die vielfach durch die diplomatischen Vertreter der einzelnen Fürstentümer und Städte in Italien oder Frankreich angeworben wurden, bis zu den Mitgliedern der Hofkapelle und dem Chor, in dem gleichermaßen Studenten, Bürger und Mitglieder von Kirchenchören mitwirkten, und dem Ballett, geleitet von einem französischen Ballettmeister und – auch darin hat sich bis zum 19. Jahrhundert wenig geändert – Ausgangspunkt für manche Karriere einer Fürstenfavoritin.

Gespielt wurden Opern und Singballette jeglicher Provenienz: das italienische und französische Repertoire ebenso wie die Versuche, eine eigengeprägte deutsche Oper zu entwickeln, in der sich italienischer Einfluß in den Arien, französischer Einfluß in den Tänzen und Chören und deutscher Einfluß in der Volkstümlichkeit der Melodik, in der moralisierenden Gelehrtheit mancher Libretti und schließlich im derben Realismus mancher musikalischer ‚Volksstücke' mischten. Gleichwohl: „die Gattung war in Deutschland weder Ausdruck der Volksseele, wie in Italien, noch Repräsentation des Regimes, wie in Frankreich, sondern für das Publikum nur ein mehr oder weniger fremdländisch anmutender Zeitvertreib, für die Komponisten aber ein willkommenes Versuchsgelände. Georg Friedrich Händel, der 1705–1708 in Hamburg seine ersten Opernerfolge errang, wandte sich alsbald brüsk nach Italien. Den gleichen Weg von der deutschen zur italienischen Oper beschritt bald danach sein jüngerer Zeitgenosse Johann Adolf Hasse, und mit dem Ende der dreißiger Jahre, da die letzten deutschen Opernhäuser ihre Pforten schlossen, fand der Versuch, ohne feste eigene Ausgangsstellung auf fremdem Kulturgut eine lebens- und konkurrenzfähige selbständige Gattung zu schaffen, seinen Abschluß"[2].

Und das Publikum? „Über das Publikum der Barockoper hat man sich lange recht ungenaue und falsche Vorstellungen gemacht. Heute weiß man, daß es nicht nur die Höfe und Fürsten allein waren, die den Charakter der Opern bestimmt haben, sondern auch bürgerliche Schichten. In Italien bestand ein genossenschaftliches Pachtsystem für die Logen, das auch von anderen Ländern und Städten übernommen wurde, so von Hamburg und London. Aber auch die Fürsten des Absolutismus hatten Interesse, breitere Schichten des Volkes zu erfassen. Sie ließen die Operntheater nicht nur für sich und ihren Hof erbauen; dafür hätten viel kleinere Theater genügt – wie sie ebenfalls entstanden (. . .) Aber bereits das Theater im Palazzo Barberini in Rom, das von Kirchenfürsten erbaut war und von diesen geleitet wurde, um religiöse Opern zur Aufführung zu bringen, hatte mehr als 3000 Sitzplätze. Das 1667 in Dresden eröffnete Opernhaus verfügte über 2000 Plätze, das Wiener Opernhaus soll sogar 5000 Plätze gehabt haben"[3]. Und die Opernhäuser in Hannover und Braunschweig faßten ebenfalls weit mehr als 2000 Zuschauer. „Die Oper war die repräsentative Fest- und Kunsterscheinung des Barock, die alle Künste umfaßte und die alle Menschen erfassen sollte. Auch die Aufführungen der eigentlichen Hoftheater waren meist für die gesamte Bevölkerung bestimmt; die Eintrittskarten wurden sehr oft verschenkt; der Besuch der deutschen Hoftheater war noch im 18. Jahrhundert meist völlig kostenlos. Der Opernbesuch wurde nicht nur als Vergnügen und Unterhaltung angesehen, sondern auch als Erziehungsfaktor – Johann Mattheson stellte in Hamburg die Opern an Bedeutung auf eine Stufe mit den Universitäten. Die Opernvorstellungen des 17. und 18. Jahrhunderts waren (von den ersten Anfängen abgesehen) also keineswegs eine esoterische Kunst für dekadente Aristokraten, sondern eine sehr lebendige Kunst für das breite Publikum – die moderne Demokratisierung der Musik nahm hier ihren Anfang"[4].

[2] Anna Amalie Abert: Art. „Oper", in: Die Musik in Geschichte und Gegenwart, Bd. 10. Kassel 1962, Sp. 13.

[3] Hellmuth Christian Wolff: Musikgeschichte in Bildern, Bd. IV, 1: Oper. Szene und Darstellung von 1600 bis 1900. Leipzig 1968, S. 14.

[4] Wolff, a. a. O., S. 14.

Hamburg – Eine Bürgeroper

Haben wir bisher versucht, eine Topographie der deutschen Oper des 17. Jahrhunderts zu geben, so wollen wir uns jetzt von der überschauenden Vogelperspektive zurück auf den Boden begeben und die Entwicklung von Gattung und Institution an zwei Beispielen im Detail verfolgen.

Die Freie Reichsstadt und Hansestadt Hamburg sah in ihren Mauern, eröffnet am 2. Januar 1678, das erste stehende Opernhaus, das nicht von Fürsten und Königen, sondern von Bürgern, von Kaufleuten begründet und finanziert worden war. Voraussetzung dafür war unter anderem die Tatsache, daß Rat und Bürgerschaft Hamburgs die Selbständigkeit dieses wirtschaftlich wichtigen Gemeinwesens durch geschickte Diplomatie und vorsichtige Neutralitätspolitik unbeschadet durch alle Fährnisse des 30-jährigen Krieges wie der kriegerischen Auseinandersetzungen in der zweiten Hälfte des 17. Jahrhunderts bewahren konnten; mehr noch als die neue, als uneinnehmbar geltende Umwallung der Stadt war es die Finanzkraft der norddeutschen Metropole, die jeden Gegner – sei es der dänische König Christian IV., seien es die holländischen Generalstaaten, sei es der expansionslüsternde Franzosenkönig Ludwig XIV. – dazu bewog, mit dieser Stadt lieber Handel zu treiben als Krieg zu führen. Durch Bündnisverträge und Handelsprivilegien profitierte die Stadt von der Kriegskonjunktur; und nach dem Westfälischen Frieden war sie wichtigster Importhafen für alle Güter, die man in den deutschen Staaten benötigte: die Einfuhr von englischen Tuchen, von Seide und Samt, von Zuckerrohr und Gewürzen wie von den neuen Genußmitteln Kaffee, Tee, Schokolade und Tabak wurde über den Hamburger Hafen und über Hamburger Großkaufleute abgewickelt. Der Historiker Percy Ernst Schramm beschrieb die Wirtschaftskraft der Hansestadt so: „Um 1700 hatte Hamburg eine Stellung als Einfuhrhafen, Umschlagplatz und Geldmarkt gewonnen, welche die Lübecks in der Zeit seines Glanzes noch übertraf, da die Beziehungen der Elbestadt weiter, nämlich bis nach Rußland, ganz Skandinavien, Island, England, Frankreich und nach der Iberischen Halbinsel reichten und der Umsatz viel größere Dimensionen angenommen hatte“[1].

Der wirtschaftliche Erfolg der Hansestadt wirkte nach innen, machte sowohl das Gemeinwesen wie einzelne seiner Träger, insbesondere die Großkaufleute, reich und fand Ausdruck in zahlreichen repräsentativen Bauten: der Michaelis-Kirche, etlichen Kaufmannshäusern und schließlich auch dem Opernhaus. Die Stadt umfaßte damals gut 70000 Einwohner, von denen etwa 80% das Bürgerrecht besaßen; sie war nicht nur Handels-, sondern auch Gewerbestadt; 50% ihrer Erwerbstätigen übten ein Handwerk aus oder arbeiteten in Manufakturen, 20% waren Kaufleute, etwa 5% Akademiker, 15% Schiffer und Seeleute, etwa 10% Arbeiter, Packer und Träger.

[1] Percy Ernst Schramm: Gewinn und Verlust. Hamburg 1969, S. 11.

Reichtum und weltweite Handelsverbindungen prägten nicht nur das Repräsentationsbedürfnis der Hamburger Bürger, sondern sorgten auch für Weltoffenheit in geistigen und kulturellen Dingen, und diese stand zumal im 17. Jahrhundert oft in scharfem Gegensatz zu dogmatischer kirchlicher Orthodoxie, sei sie nun lutherisch oder pietistisch. Hamburger Hauptpastoren spielten von Anfang an eine – eher negative – Rolle in der Geschichte der Oper; angefangen von Pastor Anton Reisers polemischer Schrift „Theatromania oder die Werke der Finsternis in den öffentlichen Schauspielen". Demgegenüber stand jedoch die Tradition der höheren Schulbildung; denn zu der nach dem Vorbild Luthers von Johann Bugenhagen 1529 gegründeten Gelehrtenschule, dem Johanneum, gehörten auch die zahlreichen Schuldramen ebenso wie die musikalischen Aufführungen des aus Johanneums-Schülern zusammengesetzten Figuralchors, der die große Kirchenmusik in den vier Hamburger Hauptkirchen St. Jacobi, St. Petri, St. Katharinen und St. Nicolai zu versorgen hatte. Zeichen für das kulturelle Interesse des Bürgertums waren daneben die nach französischem Vorbild gegründeten Sprachgesellschaften, die sich um die Heimatsprache und deren Literatur bemühten: die „Teutschgesinnte Genossenschaft" des Dichters Philipp von Zesen wie der „Elbschwanenorden" des Pastors und Kirchenliedverfassers Johann Rist, der während seiner Hamburger Wirkungszeit so etwas wie das geistige Gewissen der Stadt darstellte.

Auch was die Rolle der Musik angeht, kann Hamburg auf eine lange und vielschichtige Tradition zurückblicken, die das Entstehen der Oper förderte und ihren Fortgang unterstützte: seit Beginn des 16. Jahrhunderts galt die Stadt als Zentrum der norddeutschen Orgelschule, aus der zuletzt noch Johann Sebastian Bach stammte; Organisten an den vier Hauptkirchen waren Schüler des überragenden niederländischen Orgelmeisters Jan Pieterszoon Sweelinck, und auch die öffentliche Musikpflege hatte hohen Rang. Die Ratsmusikanten und die unter dem Namen „Rollbrüder" bekannten lizensierten Musikanten hatten einen hervorragenden Ruf, und Rat und Bürgerschaft unterstützten die Musikpflege. In einem Dekret von 1615 etwa heißt es: Der Senat habe bei den Musikern, die mit ihrem Amt belehnt wurden, für eine gewisse Höhe der Einkünfte zu sorgen, „damit die Musica so bisher ein nicht gering Ornamentum und Zierrath dieser Stadt gewesen, nicht in Abgang gerathen, sondern bei dieser Stadt erhalten werden, auch gedachte Musici ihren nothdürftigen Unterhalt haben mögen"[2].

Größere musikalische Aufführungen gab es in Hamburg, seit der aus Dresden stammende Musiker Thomas Selle 1641 das Amt des Kantors am Johanneum (das fast den Rang eines städtischen Musikdirektors ausmachte) übernahm und große Passionsmusiken aufführte, die durch Subskription, also durch genossenschaftliche Finanzierung abgesichert waren, und seit der Schütz-Schüler Matthias Weckmann 1655 die Hamburger mit der italienischen Musik, insbesondere der weltlichen Vokal- und Instrumentalmusik bekanntmachte und ein aus Schülern, Studenten und Bürgern zusammengesetztes Collegium musicum gründete, das schnell überregionale Bedeutung erhielt. So ist beim

[2] zit. nach: Josef Sittard: Geschichte des Musik- und Concertwesens in Hamburg vom 14. Jahrhundert bis auf die Gegenwart. Hamburg 1890, S. 8.

schon erwähnten Johann Rist über dieses Ensemble zu lesen: „O sollte mancher in dem Collegio Musico, welches wochentlich in Hamburg / von etlichen Studiosis, Kaufgesellen / Musicanten und anderen rühmlichen Libhaberen diser edlen Kunst / absonderlich wird gehalten / nur ein paar Stunden zu hören / er würde halb entzükket müssen bekennen / dass dessen gleichen in Teutschland schwehrlich zu finden"[3].
Unter diesen Voraussetzungen war die Gründung einer stehenden Oper in Hamburg nur eine sinnvolle Konsequenz. Die Initiative dazu ging aus von dem 1641 in Hamburg geborenen Gerhard Schott, Lizentiat der Rechte, Rechtsanwalt und Senator in Hamburg, der nach dem Studium auf seiner Kavalierstour durch Europa sich lange in Italien aufgehalten hatte und dort besonders die venezianische Oper schätzen lernte; Venedig und seine Opernhäuser waren in vielem Vorbild für die Hamburger Oper am Gänsemarkt, die Schott – gemeinsam mit den ebenfalls als Gründern genannten Peter Lütkens, später Bürgermeister der Stadt, dem dort im Exil lebenden Herzog Christian-Albrecht von Schleswig-Holstein Gottorf und – wohl als einzigem Musiker – dem Katharinenorganisten Jan Adam Reinken – 1677 am Gänsemarkt von dem italienischen Baumeister Girolamo Sartorio aufführen ließ, wobei dieser, ein erfahrener Bühnenbauer, offensichtlich in erster Linie für den prunkvollen und technisch komplizierten Innenausbau verantwortlich war, während das schlichte Äußere des Opernhauses sich ganz der in Hamburg üblichen Fachwerkarchitektur anschloß – wie zeitgenössische Abbildungen es ausweisen. Das Innere des Hauses dagegen entzückte jeden Besucher: in dem mit vier Logenreihen ausgestatteten Zuschauerhaus hatten etwa 1800 Zuschauer Platz, die Bühne war für barocke Verhältnisse groß und hatte eine Tiefe von knapp dreißig Metern, deren Zentralperspektive durch 15 hintereinander angeordnete Kulissenpaare die im barocken Bühnenbau so beliebte Illusion der Unendlichkeit des Raumes hervorrief und deren drei Zwischenvorhänge eine Bühneneinteilung sowie schnelle Umbauten zuließ. „Hebungs- und Versenkungseinrichtungen, die Maschine, und Flugvorrichtungen brachten eine die Zuschauer verblüffende und faszinierende Bewegungstechnik ins Spiel. Dazu gehörten auch die über die Bühne fahrenden Objekte, Schiffe, Wagen usw., Lichteffekte durch Transparenz in den Kulissen, hinterleuchtete Prospekte, Schattenspiele mit der Laterna magica und schließlich Feuerwerk mit Bengalischem Feuer und bunten Raketen haben für die nur an Kerzen und Öllampen als künstliches Licht gewohnten Augen den Zauber des Übernatürlichen beschworen"[4].
Eröffnet wurde das Opernhaus am 2. Januar 1678 mit der Oper „Adam und Eva oder Der erschaffene, gefallene und wieder aufgerichtete Mensch", die Musik stammte von Johann Theile, der Text – nach einem älteren Mysterienspiel des Bartholomäus Krüger – von Christian Richter. Die Wahl dieses religiös-moralisierenden Stückes zum Beginn war nicht ohne taktische Rücksichten geschehen: einerseits bot die Handlung der Schaulust des Publikums genügend Anreiz, andererseits war damit Einwänden von theologischer

[3] Johann Rist: Hornungsgespräch. Hamburg 1663.
[4] Ulrich Bauche: „Bühnenbild und bildende Kunst des Barock in Hamburg", in: 300 Jahre Oper in Hamburg. Hamburg 1977, S. 62.

Seite der Wind aus den Segeln genommen. Eine Hamburgische „Spezialität" findet sich bereits in dieser ersten Oper: es ist die lustige Person, hier in der Gestalt der verschiedenen Teufel, die sich verwandeln und auch allerhand Unsinn treiben. Auch in den nächsten Jahren, unter der Direktion von Gerhard Schott, spielte man eine Reihe von religiösen Stoffen, so etwa „Die Liebreiche, durch Tugend und Schönheit Erhöhete Esther" mit Musik von Nikolaus Adam Strungk im Jahre 1680; daneben bestimmten Stoffe aus der griechischen und römischen Geschichte, aber auch moderne Zeitereignisse und sogar lokale Begebenheiten den Inhalt der insgesamt 270 Opern, die man bis zur Schließung des ersten Opernhauses im Jahre 1738 aufführte.

Wichtig waren in den ersten Jahren des neuen Hauses – mehr noch als die Komponisten – die Textdichter; die neuere germanistische Forschung[5] hat nachgewiesen, daß die Libretti der frühen Hamburgischen Oper, verfaßt von Textdichtern wie Lucas von Bostel, Heinrich Elmenhorst, Christian Heinrich Postel und Barthold Feind in ihren literarischen Qualitäten und ihrer sprachlichen Ausfeilung nicht hinter den barocken Dichtungen eines Lohenstein, Gryphius oder Harsdörffer zurückstanden, auch wenn sie vom Literaturpapst der damaligen Zeit, von Johann Gottsched, wie überhaupt die Gattung der Oper, polemisch angegriffen wurden. Operntexte galten viel in jener Zeit; so kann man in der Poetik des Dichters Christian Friedrich Hunold, der unter dem Namen Menantes unter anderem zahlreiche Kantatentexte für Johann Sebastian Bach verfaßt hat, lesen, die Operntexte seien „das galanteste Stück Poesie"[6]; von einem Nationaltheater läßt sich hier – knapp hundert Jahre vor Lessing – also durchaus schon sprechen. Die Aktualität der neuen Gattung zeigte sich darin, daß schnell unmittelbar vergangene Zeitereignisse auf die Opernbühne gebracht wurden: so schildert die umfangreiche, an zwei Abenden aufzuführende Oper „Von dem Erhöhten und Gestürzten Cara Mustapha" (1686) mit der Musik von Johann Wolfgang Franck die Belagerung Wiens durch die Türken aus dem Jahre 1683; so befaßt sich die von Barthold Feind verfaßte und von Reinhard Keiser in Musik gesetzte Oper „Masaniello furioso" (1706) mit dem jüngst erfolgten neapolitanischen Fischeraufstand. Schließlich gewann seit 1700 auch das französische „Théâtre de la foire" (Jahrmarktstheater) an Einfluß und wurde teilweise für die deutsche Bühne bearbeitet, teilweise schuf man eigene Texte, die sich anklagend und satirisch auf Hamburger Verhältnisse bezogen – so die beiden 1725 entstandenen Stücke „Der Hamburger Jahr-Marckt" und „Die Hamburger Schlachtzeit", deren Texte derart brisant waren, daß sie alsbald verboten wurden.

Über die Musik der Anfangsjahre sind wir nicht so präzise informiert, da diese – anders als die Textbücher, die stets gedruckt zu haben waren und vollständig erhalten sind – stets nur in handschriftlichen Aufführungsmaterialien vorhanden war und vieles im Laufe der Zeit verlorengegangen ist. Eine wichtige Quelle sind jedoch handschriftliche Bearbeitun-

[5] vgl. etwa: Herbert Cysarz: Deutsche Barockdichtung. 1924; Günter Müller: „Die Dichtung von der Renaissance bis zum Ausgang des Barock", in: Handbuch der Literaturwissenschaften. Leipzig 1927/29.

[6] Christian Friedrich Hunold: Die allerneueste Art, zur reinen und galanten Poesie zu gelangen. Hamburg 1707.

gen der beliebtesten Arien und Lieder für das Hamburger „Cithrinchen", ein kleines, lautenähnliches Zupfinstrument, das damals in jedem Bürgerhause gespielt wurde, – Potpourrisammlungen sind halt keine Erfindung des 19. und 20. Jahrhunderts.

Die wichtigsten Komponisten der ersten Hamburger Opernjahre waren Johann Theile, ein Schütz-Schüler, der zuerst Kapellmeister in Gottorf war und dann nach Hamburg ging, wo er bis 1685 wirkte; daneben Nikolaus Adam Strungk aus Braunschweig, ein berühmter Geiger und Ratsmusikdirektor in Hamburg bis 1682; Johann Wolfgang Franck aus Nürnberg, der bis 1679 Kapellmeister in Ansbach war, nach einem Duell fliehen mußte und dann bis 1690 für die Hamburger Oper mehr als fünfzehn Werke komponierte, und schließlich Johann Philipp Förtsch, ein Schüler Philipp Kriegers, der seit 1688, nachdem er zuvor schon einzelne Libretti für die Hamburger Oper verfaßte hatte, insgesamt 12 Opern schrieb, nach 1690 jedoch den Beruf wechselte und sich nach einem Medizinstudium als Leibarzt des Bischofs von Lübeck etablierte. Am Ende des Jahrhunderts kam Johann Sigismund Kusser nach Hamburg, der bei Jean-Baptiste Lully in Paris studiert hatte und in Hamburg den Einfluß der französischen Ballettoper verstärkte, jedoch, da er sich in Hamburg künstlerisch nicht durchsetzen konnte, nur wenige Jahre blieb.

Der wichtigste Komponist dieser ersten sechzig Jahre Hamburger Opernpflege war aber ohne Zweifel Reinhard Keiser, der 1697 in die Hansestadt kam, dort bis zu seinem Tode im Jahre 1739 blieb und in diesen vierzig Jahren etwa achtzig Opernwerke für das Hamburger Haus beisteuerte. Keiser, 1674 in Weißenfels geboren, war Schüler der Leipziger Thomasschule und studierte dann bei Sigismund Kusser. 1692 wurde er Kapellmeister in Braunschweig, wo seine ersten Opern aufgeführt wurden, 1697 löste er seinen Lehrer in Hamburg ab. Seine Bedeutung für die junge Gattung der deutschen Oper lag in mehreren Bereichen: zum einen war er ein Komponist mit eminentem Theatersinn, ein wahrhafter Musik-Dramatiker, der es verstand, gleichermaßen das Rezitativ, das bislang eher steif gewirkt hatte, zu beweglicher Führung zu bringen, wie innerhalb der Arien und Texte eine melodische Vielfalt zu entwickeln, die seine Hörer – wie der Librettist Barthold Feind in einem Huldigungsgedicht schrieb – „in einen Sturm" versetzte und sie „außer sich gerieten"[7]. Hinzu kam Keisers unerschöpfliche Phantasie in der Verwendung der Orchesterinstrumente. Die Libretti seiner Opern, zumeist von Christian Heinrich Postel oder dem braunschweigischen Hofpoeten Friedrich Christian Bressand verfaßt, bemühten das übliche Aufgebot an griechischen und römischen Helden („Der geliebte Adonis", 1697; „Der aus Hyperboreen nach Cymbrien verbrachte güldene Apfel", 1698; „Die wunderbar errettete Iphigenie", 1699; „Die Wiederkehr der güldenen Zeit", 1699; „Circe, oder des Ulysses erster Teil", 1702), aber daneben finden sich auch lokale Bezüge – etwa die 1701 aufgeführte Oper „Störtebecker und Jödje Michaels", die das Treiben und endliche Schicksal der beiden Hamburger Seeräuber recht drastisch beschrieb, oder „Le bon Vivant oder Die Leipziger Messe", 1710, und schließlich die beiden bereits erwähnten

[7] in: Lobschrift auf den berühmten Virtuosen Herrn Reinhard Keiser, abgedruckt im Vorwort der Ariensammlung aus Keisers Opern „Almira" und „Oktavia". Hamburg 1705.

satirischen Stücke „Der Hamburger Jahrmarckt oder Der glückliche Betrug" und „Die Hamburger Schlachtzeit oder Der mißlungene Betrug", beide nach einem Libretto von Johann Philipp Praetorius, der darin den Geiz und den Materialismus der großen und kleinen Hamburger Bürger verspottete. Hier war auch der niederdeutsche Dialekt zur Verdeutlichung miteinbezogen, der bislang nur von den komischen Personen auf die Bühne gebracht worden war – etwa in Keisers Oper „Carneval von Venedig", 1707, in der auf dem Markusplatz unversehens Hamburger ‚Touristen' auftauchen und plattdeutsche Lieder sangen.

Neben Reinhard Keiser errangen zwei weitere Komponisten in den ersten Jahrzehnten des 18. Jahrhunderts Rang und Ansehen in Hamburg, ohne daß es zu einer ausgesprochenen Konkurrenzsituation gekommen wäre. Der eine war der später so bekannte Musikkritiker und Theoretiker Johann Mattheson, der seine Laufbahn als Tenor begann und seit 1702 einige eigene Opern in Hamburg aufführte; der andere war Georg Philipp Telemann, der – seit 1721 Kantor am Johanneum und damit städtischer Musikdirektor – seit 1722 daneben noch als künstlerischer Leiter der Oper am Gänsemarkt fungierte und bis 1733 dort vierundzwanzig Opern zur Aufführung brachte, und zwar – neben einzelnen ernsten Opern – zumeist solche nach dem Vorbild der italienischen Opera buffa und den Intermezzi eines Giovanni Battista Pergolesi. Titel wie „Die ungleiche Heirat oder Das herrsüchtige Kammermädchen", 1725, „Der geduldige Sokrates", 1721; „Der neumodische Liebhaber Damon", 1724, und „Die verkehrte Welt", 1728, sind auch heute noch bekannt und werden hin und wieder gespielt. Schließlich spielten die Opern des jungen Georg Friedrich Händel seit der Aufführung seines Erstlingswerks „Almira" im Jahre 1705 eine große Rolle; von ihm spielte man insgesamt 15 Opern, darunter „Florindo" und „Dafne", 1708, „Rinaldo", 1715, „Agrippina", 1718, und „Giulio Cesare", 1729; – natürlich immer in deutscher Übertragung der Rezitative, während die Arien zumeist italienisch blieben. Da man in Hamburg auf Kastraten verzichtete – aus Rücksicht auf den mächtigen Klerus (hatte doch der Pastor Sackmann nach einem Besuch der Hofoper in Hannover empört berichtet, dort sängen „ole Kerels von dörtig veertig Jaren" in „eenen Discant so hoog as de beste Deern; dat maakte averst, dat se kapunet wären") wie auf den Publikumsgeschmack – wurden deren Partien zumeist nach unten transponiert und dann von Tenören oder Bässen ausgeführt.

Aufmerksam zu machen ist schließlich – neben den Komponisten und den Textdichtern – noch auf die Rolle der Bühnenbildner. Den Beruf des Regisseurs gab es damals noch nicht; das Arrangement der Szenen und Gänge leitete der Komponist oder der Kapellmeister. Zwei Namen sind wichtig für die Ausstattung des Hamburgischen Opernhauses: zum einen der ortsansässige Malermeister Hermann Kamphausen, der von 1678 bis 1695 die Entwürfe zu den Bühnenbildern lieferte und ihre Ausführung überwachte, und – weitaus bedeutender als er – Johann Oswald Harms, der, in Hamburg gebürtig, nach der Lehre zuerst nach Dresden ging, dort bereits mit der Oper in Verbindung kam und dann etliche Jahre in Italien, insbesondere in Venedig studierte. Harms war, anders als Kamphausen, der im Hauptberuf Maler und Dekorateur blieb, in erster Linie Bühnenbildner – lediglich einige Deckengemälde und Gartengestaltungen sind daneben von ihm überliefert. 1686 wurde er an das Hoftheater in Wolfenbüttel geholt, und von 1695 bis 1705 arbeitete er in Hamburg und stattete unter anderem die Opern „Heinrich der Löwe", „Störtebecker" und „Mahumet II." aus. Da man damals mit einigen wenigen typischen Bühnenbildern (Meer, Wald, Interieur, Garten, Repräsentationsarchitektur etc.) auskam und diese für zahlreiche Opern verwendete, prägte der italienisch beeinflußte Stil von Harms die Hamburger Opernszene über seinen Weggang und seinen Tod im Jahre 1708 hinweg. Seine Nachfolger konnten solch eine dominierende Stellung nicht einnehmen, hatte Harms doch für Hamburg mindestens dreißig Opern ausgestattet – von diesen ist zumindest das Skizzen- und Entwurfsmaterial erhalten geblieben. „Von den originär für Hamburger Inszenierungen geschaffenen Bühnenbildern in den festgelegten Typen sind einige besonders eindrucksvoll. Im Kriegshafen der Oper „Mahumet" ist die Flotte antikisierender Segelschiffe in Kulissenstaffelung gestaltet. Deutlich zeigen die Zeichnungen die abnehmende Größe der Kulissen sowie deren zur Bühnenmitte hin bewegt ausgeschnittene Umrisse. Den Bildtyp ‚Wald' gestaltete Harms in einem für Hamburg bezeichneten Entwurf völlig neuartig für die damalige Bühnenauffassung mit einem aus dem Hintergrund nach vorn stoßenden Kulissenkeil in der Mitte"[8]. (siehe Abb.)

Trotz intensiver Bemühungen um das künstlerische Niveau der Hamburger Oper, insbesondere durch Telemann, ließ der Besuch um die Mitte der dreißiger Jahre derart nach, daß das Haus 1738 geschlossen werden mußte. Gründe dafür liegen sicherlich zum einen in der mangelnden Attraktivität des Hauses, insbesondere was die immer mehr in den Vordergrund rückenden Primadonnen und ersten Sänger angeht, deren Honorare das Hamburger Haus bald nicht mehr zahlen konnte; zum anderen in der zunehmenden Opernfeindschaft der deutschen Aufklärung. Gottscheds Wort in seiner „Critischen Dichtkunst", die Oper sei „das ungereimteste Werk, so der menschliche Verstand jemals erfunden hat", sei „eine Beförderung der Wollust und eine Verderberin der guten Sitten" und schließlich der vielzitierte Satz: „Die Vernunft muß man zu Hause lassen, wenn man in die Oper geht" mag ebenfalls seine Wirkung getan haben; schließlich dürfte auch der Mangel an neuen Ideen, an neuen Stoffen und neuen Komponisten zur Einstellung des Spielbetriebs geführt haben. Oper wurde auch danach noch in Hamburg gespielt, aber jetzt nur noch von durchreisenden Truppen, und natürlich italienische Oper.

Bis 1750 blieb der alte Opernhof am Gänsemarkt, obwohl inzwischen baufällig geworden, noch stehen, und er wurde auch benutzt: so gastierte dort bis in die fünfziger Jahre hinein die italienische Operntruppe der Brüder Angelo und Pietro Mingotti, zuerst mit dem Kapellmeister Giovanni Scalabrini, 1748 mit dem jungen Christoph Willibald Gluck. Neben dem italienischen Repertoire an Seria- und Buffo-Opern präsentierte man in jenem Jahr sogar ein Pasticcio zu Ehren Hamburgs – eine aus zahlreichen Opernvorlagen zusammengestückelte Produktion mit dem hochtrabenden Titel „Il Tempio di Melpomene su le rive dell'Alstra" (Der Aufenthalt der Muse Melpomene am Ufer des Alsterflusses), ein allegorisches Spektakel, in dem auch die Stadtgöttin Hammonia auftrat. 1750 wurde

[8] Bauche, a.a.O., S.64.

das Gänsemarkttheater endgültig geschlossen und alsbald abgerissen; die durchreisenden Opern- und Schauspieltruppen gastierten in größeren Gasthöfen und Vergnügungsetablissements.

Die säuberliche Trennung in Sprech- und Musiktheater gab es damals noch nicht: deutsche Schauspieltruppen, wie jene der Prinzipale Schönemann und Koch, hatten in ihrem Repertoire auch Stücke aus der neueren Singspielproduktion, zum Teil aus dem Englischen übersetzte Stoffe, die aus den nach Gays und Pepuschs Serienerfolg mit der „Beggars Opera" in London entstandenen Ballad Operas stammten, zum Teil Beispiele des neuen deutschen Singspiels von Komponisten wie Johann Adam Hiller oder Johann Standfuß. Intensiveres Theaterleben gab es jedoch in Hamburg erst wieder, als sich der berühmte Schauspieler Konrad Ackermann mit seiner Truppe dort niederließ und – mit finanzieller Unterstützung einiger Hamburger Bürger – 1765 am Gänsemarkt ein „Comödienhaus" aufführen ließ – ein einfacher Holzbau mit ansteigendem Parkett und zwei Rängen, mit einer Bühne, die deutlich kleiner war als jene des alten Opernhofes, und einem kleinen Orchestergraben. Berühmt geworden ist die Ackermann'sche Truppe in Hamburg durch ihren Dramaturgen Gotthold Ephraim Lessing, der dort zwischen 1767 und 1769 seine „Hamburgische Dramaturgie" verfaßte. Das Schwergewicht der Arbeit im neuen „Comödienhaus" lag auf dem Schauspielsektor, auf der Aufführung von Stücken Shakespeares und der deutschen Klassik; das Musiktheater wurde – schon aus Mangel an einem vernünftigen Orchester – nur am Rande gepflegt, um die Kasse aufzubessern. Nach Ackermanns Tod übernahm dessen Schwiegersohn Friedrich Ludwig Schröder die Leitung des Hauses und führte es – mit einigen Unterbrechungen und zahlreichen Schwierigkeiten, die aus den veränderten politischen Verhältnissen herrührten – bis zum Jahre 1824; gab es doch inzwischen – während der napoleonischen Kriege – jahrelang eine französische Besatzung, die auch eigenes Theater mitbrachte, mit französischen Vaudevilles und den Opern von Grétry und Méhul, die alsbald mehr Zulauf hatten als das Comödienhaus. Dort spielte die Oper weiterhin eine geringe Rolle; in der Regel machten Werke des Musiktheaters lediglich ein Siebtel des jährlichen Spielplanes aus. Die musikalische Entwicklung ging an Hamburg vorbei – die Ausprägung eines deutschen Singspiels ebenso wie die Entwicklung der deutschen romantischen Oper; Hamburg war lediglich ein Ort, an dem die Werke von Mozart nachgespielt wurden, an dem man sich mit Beethovens „Fidelio" (1816) äußerst schwer tat, an dem jedoch die Italiener, wie Rossini, Bellini, Donizetti, größten Erfolg hatten, an dem auch Webers „Freischütz", drei Jahre nach der Uraufführung, es zu sechsundzwanzig Wiederholungen brachte. Im Jahre 1827 fiel der Vorhang im Comödienhaus zum letzten Mal – auch dieses Haus, mehr als sechzig Jahre lang intensiv bespielt, war baufällig geworden, und es genügte dem Repräsentationsbedürfnis des Bürgertums nicht mehr. Wieder waren es Hamburger Bürger, ein unternehmungsfreudiger Aktionärsverein aus Großkaufleuten und Juristen, die die Initiative für einen Theaterneubau unternahmen: sie bestellten beim berühmten Berliner Baumeister Carl Friedrich Schinkel Pläne für ein „Neues Stadttheater" an der Dammtorstraße. Mußte auch der Architekt Carl Ludwig Wimmel aus finanziellen Gründen manches an den Schinkel'schen Vorlagen ändern und vereinfachen, so entstand doch ein mit über zweitausend Sitzplätzen und einer großen Bühne versehenes Haus, das – nach einigen Umbauten – bis 1945 dem Opernbetrieb diente.

Das neue Haus brachte jedoch kaum künstlerischen Aufschwung, im Gegenteil: man konzentrierte sich auf das gängige Opernrepertoire, pflegte in den Anfangsjahren besonders die französische Opéra comique eines Boieldieu oder Auber, dazu einige Beispiele deutscher Spieloper, die italienische Belcanto-Oper und – soweit es den begrenzten künstlerischen Möglichkeiten des Hauses erreichbar war – die Grand Opéra eines Spontini oder Meyerbeer. Der kulturelle Anspruch, der noch zu Zeiten eines Ackermann und Schröder gegolten hatte, schwindet immer mehr, er macht einem fast ausschließlich kommerziell orientierten Spielplan Platz, der auf die platte Amüsierlust oder auf die Zugkräftigkeit großer Namen abgestellt war. „In dem Bestreben, das Publikum durch Abwechslung und immer neue Gäste anzulocken, ist die Direktion nicht wählerisch. ‚Jocko, der brasilianische Affe', dargestellt von dem Tiermimiker Carelle, ist ihr nicht minder willkommen als der Hexenmeister auf der Violine, Niccolò Paganini, oder die kaiserlich-persischen Hof-Gymnastiker"[9]. An richtungsweisenden kulturellen Ereignissen fehlt es in den folgenden Jahrzehnten weitgehend: zu erwähnen ist lediglich im Jahre 1845 die Deutsche Erstaufführung der Oper „Nabucodonosor" eines, wie der Programmzettel vermerkt, gewissen „Joseph Verdi" oder im März 1844 die Premiere von Richard Wagners „Rienzi", deren erste Vorstellungen der Komponist selbst dirigierte – und sich gleichermaßen über den schlechten Tenor wie über die einfallslosen szenischen Arrangements des damaligen Direktors Julius Cornet mokierte: „Die Würde der szenischen Ausstattung, wie er sie seinerseits auch gar nicht begriff, wurde vollständig dem lächerlichsten Flitterschein aufgeopfert, und durch vielerlei Aufzüge, zu welchen er die Kostüme von allen vorräthigen Feenballetts verwendete, glaubte er, wenn sie nur recht bunt aussähen und recht viele Menschen dabei über die Szene zögen, das Hauptsächlichste zu meinem Erfolg zu liefern." Und dabei war Cornet noch einer der wenigen Direktoren, die sich um so etwas wie Opernregie überhaupt bemühten; ansonsten begnügte man sich zumeist damit, den Chor im Halbkreis aufzubauen und darin die durchreisenden Gaststars zu arrangieren.

Kontinuität konnte auch schon deshalb nicht aufkommen, weil die jeweiligen Theaterdirektoren innerhalb weniger Jahre wechselten und ohnehin so ausgesucht wurden, daß die Einnahmen gesichert waren. „Man spielte nach, was anderswo Furore oder Kasse machte, man ließ fallen, was nicht sofort ankam"[10].

Im Jahre 1856 versuchte ein Theateragent namens C. A. Sachse dem brach liegenden Betrieb durch sogenannte „Mustervorstellungen" nach dem Münchner Beispiel des dortigen Intendanten Dingelstedt aufzuhelfen; da sich diese „Mustervorstellungen" – zu verdoppelten Eintrittspreisen – jedoch darauf beschränkten, alle deutschen Gesangsstars an die Elbe zu holen und sie ohne Proben aufeinander loszulassen, so daß Souffleure und

[9] Diedrich Diedrichsen: „Das Hamburger Stadttheater im 19. Jahrhundert", in: 300 Jahre Oper in Hamburg. Hamburg 1977, S. 106.

[10] a. a. O., S. 104.

Einhelfer die meistbeschäftigten Mitglieder des Bühnenpersonals waren, schlug auch diese Spekulation aufs schnelle große Geld fehl. Und während dieser Zeit war das „Hamburger Stadttheater" stets ein privates Theater, an dem die Hansestadt lediglich durch den Einzug von Steuern und Konzessionen beteiligt war – und dies zu Zeiten, in denen es in anderen Städten, wie Paris, London, Petersburg und Wien, aber auch Leipzig und Frankfurt längst hoch subventionierte Opernhäuser gab.

Einen Aufwärtstrend – wenn auch nicht in erster Linie in künstlerischer Hinsicht – gab es seit der Mitte der siebziger Jahre des 19. Jahrhunderts. Angeregt durch den Geldboom der Gründerjahre etablierte sich eine Aktiengesellschaft, die für knapp eine Million Reichsmark das stark defizitäre Theater kaufte und von Grund auf renovierte: eine klassizistisch-protzige Säulenfassade an der Vorderfront dokumentierte das Repräsentations- und Geltungsbedürfnis des bürgerlichen Publikums; im Innern wurde der Zuschauerraum auf 1700 Plätze verkleinert, technische Einrichtungen wurden modernisiert, der Orchestergraben erweitert. Neuer Pächter des Theaters war Bernhard Pohl, genannt Pollini, ein erfahrener Impresario, der sich bereits als Intendant der Hoftheater in Petersburg und Moskau sowie als Unternehmer eines italienischen Tourneetheaters einen Namen gemacht hatte. Eine seiner ersten Amtshandlungen lag darin, die Eintrittspreise neu zu staffeln und insgesamt kräftig zu erhöhen. „Noch geschwinder kletterten nur die Gagen, weil Pollini seine ganze Direktion – unter dem Beifall der Hamburger – darauf abgestellt hatte, nur allererste Solisten als Mitglieder und Gäste zu engagieren – gegen Höchstgebot sozusagen. Der 1. Tenor bezieht monatlich 4500 Mk, Franz Diener einige Jahre später schon 60000 Mk jährlich. Demgegenüber werden die Orchestermitglieder weiterhin mit Monatsgagen zwischen 100 und 150 Mk (für 9 Monate!) abgespeist, die Chorsänger mit noch geringeren Beträgen, bei einer durchschnittlichen Arbeitszeit von 10 Stunden, die Sonn- und Feiertage nicht ausgenommen"[11].

Gleichwohl beschränkte sich Pollinis Wirkung nicht auf den finanziellen Erfolg: er bemühte sich, dem Primat der Abwechslung von Stücken und Stimmen gemäß, um eine Repertoire-Erweiterung. In den dreiundzwanzig Jahren seiner Intendanz (1874–97) erschienen 175 Novitäten am Hamburger Stadttheater, darunter 51 Uraufführungen – von Stücken allerdings, die heute zu Recht vergessen sind. Das Repertoire des Hauses umfaßte in der Regel zwischen 40 und 50 Opern, die jeweils kurzfristig auf den Spielplan gesetzt werden konnten – in welcher Qualität, blieb stets eine offene Frage. Bisweilen sorgte der Produktionsdruck für wahrhaft schmierenähnliche Aufführungen: etwa bei der Erstaufführung der Oper „Cristoforo Colombo" von Franchetti, die zum vorgesehenen Premierentermin durch zu wenig Proben nicht fertig wurde. Die Folge: Pollini verschob nicht etwa die Premiere, sondern strich kurzerhand den 3. und 4. Akt des Werkes, so daß die Hamburger um den Höhepunkt, die Entdeckung Amerikas, kamen.

Mehr Gespür hatte Pollini für junge, vielversprechende Stimmen, die er früh zu finden wußte und dann geduldig sich entwickeln ließ; bezogen die ersten Spielzeiten seiner Intendanz ihren sängerischen Glanz von Gästen wie Theodor Wachtel und Albert

[11] a. a. O., S. 114.

Niemann, die die festliche Eröffnung seiner Intendanz am 16. September 1874 mit Wagners „Lohengrin" sangen, so zählt das Hamburger Stadttheater wenige Jahre später etliche sängerische Spitzenkräfte zu seinen Ensemblemitgliedern: den Bariton Eugen Gura, den Tenor Franz Diener, die Wagner-Heroine Rosa Sucher, deren Mann Joseph Sucher seit 1879 erster Kapellmeister des Hamburger Hauses war, schließlich die Altistin Ernestine Schumann-Heink, die Tenöre Hermann Winkelmann, Heinrich Bötel und Willy Birrenkoven und den Bariton Friedrich Lißmann. Hamburg war damit die letzte Station vor dem Sprung an die Wiener Hofoper.

Für jeden Musiker jedoch, der nicht nur Wert darauf legte, daß – wie es im Theaterjargon heißt – „jeden Abend der Lappen hochgeht", war das Hamburger Theater ein Graus: so legte der Dirigent Hans von Bülow bereits nach wenigen Monaten, am 1. November 1887, sein Amt als Kapellmeister nieder. In seinem diese Entscheidung begründenden Brief an die Intendanz schrieb er: „Es ist mir unmöglich, eine künstlerische Verantwortung zu übernehmen, wenn meine Wünsche bezüglich korrekten Notenmaterials unberücksichtigt bleiben, und wenn das Solopersonal aus Mangel – nicht an gutem Willen, sondern an Zeit zur Verständigung für alle beteiligten Faktoren – die Auffassung Mozartscher Musik seitens des Dirigenten nicht adoptiert, sondern von demselben erwartet, daß er sich der bei ihnen herkömmlichen anpasse."

Wenige Jahre später, zur Spielzeit 1891/92, kam Gustav Mahler, der vorher Operndirektor in Budapest gewesen war, als erster Kapellmeister nach Hamburg. Auch er, dem es insbesondere auf eine Intensivierung der szenischen Abläufe auf der Bühne ankam, stand weitgehend auf verlorenem Posten und rieb sich in täglichem Ärger mit dem, wie er schreibt, „anti-musikalischen" Regisseur Franz Bittong auf und stand zudem in einem permanenten Zweikampf mit dem Orchester, „dessen hingebungsvolle Willigkeit, dessen unbedingte, aber freudlose Pflichterfüllung Mahler zwar anerkannte, dem aber aller Glanz und alle Schönheit des Klanges fehlte, das auf minderwertigen Instrumenten musizierte und das wunderbare, darum auch gesteigert empfindliche Ohr Mahlers mit stetigen Intonationsschwebungen, namentlich der Holzbläser, kränkte. Mit diesem braven, von zermürbender Arbeit bei grauenhaft schlechter Bezahlung seiner Mitglieder aufgeriebenen Orchester musizierte Mahler; er quälte es, peinigte die Musiker bis aufs Blut, erpreßte den letzten Hauch ihrer Kraft von den Erschöpften; forderte mit der Grausamkeit eines Tyrannen das Höchste von ihnen"[12]. Den Freiraum für eine Opernreform in szenischer und sängerischer Hinsicht konnte Mahler erst – zusammen mit dem Bühnenbildner und Regisseur Alfred Roller – in Wien erreichen, wohin er 1897, kurz vor dem Tode Pollinis, ging; gleichwohl war sein sechsjähriges Wirken in Hamburg nicht ganz ergebnislos – schon die Funktion des Stachels im Fleisch eines zur Routine neigenden Theaterbetriebes sorgte für Wirkung, und seine Mozart-, Beethoven- und Verdi-Produktionen, sein Eintreten für Smetana und Tschaikowsky, dessen „Eugen Onegin" er am 19. Januar 1892 zur deutschen Erstaufführung brachte, blieben lange in Erinnerung.

Mit Mahlers Weggang und Pollinis Tod endete in Hamburg eine Ära, in der Stagnation

[12] Ferdinand Pfohl: Gustav Mahler in Hamburg. Hamburg 1971.

und Aufbruch, Solistenkult und Ensemblekultur aufeinanderprallten; und während die Hamburger fasziniert den Aufstieg ihres Stadttheaters aus den Niederungen der Provinzialität beobachteten, sahen andere – wie Mahlers Nachfolger Felix von Weingartner – Pollinis Wirken sehr viel kritischer, ja nannten ihn „einen der größten Kunstverderber." Er war wohl beides: „der souveräne Impresario, der die Puppen tanzen ließ, und der schnieke, ordensgeschmückte Banause; eine zeittypische Erscheinung, wie sie im wilhelminischen Deutschland gewiß auch anderswo ihren Weg gemacht hätte, in der Hansestadt aber besonders günstige Voraussetzungen antraf für das Unisono von merkantiler und künstlerischer Großmannssucht"[13].

Ungeachtet der repertoirepolitischen und finanziellen Schwächen, die man der Ära Pollini zu Recht ankreiden kann, zeigt sich nach seinem Tode, daß der Weg noch weiter in die Mittelmäßigkeit führte. Seit 1897 führte zuerst der von Mahler als „anti-musikalisch" bezeichnete Franz Bittong das Theater, seit 1906 lag die Leitung des Hauses ganz in den Händen des kaufmännischen Direktors Max Bachur. Das Stadt-Theater steuerte in jenen Jahren den Weg des geringsten Widerstandes, es befriedigte die kulinarischen Genüsse des Opernpublikums, das der Theaterkritiker Robert Müller-Hartmann in der Zeitschrift „Theater" 1910 so charakterisierte:

„Dem Hamburger ist dieser Zustand der Dinge durchaus sympathisch. Er ist in seinen Feiertagsstunden, wenn er sein Hauptbuch zugeschlagen und gut gegessen hat, der idealste, der gläubigste Opernmensch. Besucht auch das Schauspiel, besucht auch Konzerte, aber die uneingeschränkteste und liebste Erholung findet er doch in der Oper. (. . .) Er will die buntscheckige Mannigfaltigkeit und den unterhaltenden Wechsel von Stilstrenge und Stillockerheit. Er studiert den Spielplan so eifrig und regelmäßig wie die Börsenberichte, ist ein bequemer und dankbarer Genießer und reitet im Smoking keine ästhetischen Prinzipien"[14].

Da die Spielplankonzeptionen sich am Herkömmlichen orientierten, mit Novitäten sehr sparsam waren und vielfach mehr das volkstümliche Singspiel pflegten, waren es die Sänger, die in diesen Jahren vor dem Ersten Weltkrieg dem Hause Profil gaben – so die Ensemblemitglieder Edith Walker und Max Lohfing, so die Gäste Francesco d'Andrade und besonders – seit 1906 – Enrico Caruso, der „bei erhöhten Preisen und gänzlich aufgehobenem Abonnement" mit Verdi und Puccini gastierte, die Hamburger zu Beifallsstürmen hinriß und schon damals eine Abendgage von 10000 Mark kassierte.

Das Repertoire des Stadt-Theaters verzeichnete in jenen Jahren – neben den Werken von Mozart, Verdi und Wagner – erste Versuche mit Puccini, der sich an der Elbe nur sehr schwer durchsetzen ließ, mit Siegfried Wagner, der eine Zeitlang intensiv gepflegt wurde, schließlich mit musikalischen Lustspielen und deutschem Verismo von Eugen d'Albert und mit Richard Strauss: der „Rosenkavalier" wurde bereits am 21. Februar 1911 – knapp einen Monat nach der Dresdner Uraufführung – herausgebracht. Das musikalische Niveau war – in einem Hause, dem es auf Sängerglanz mehr ankam als auf Werktreue und

[13] Diedrichsen, a.a.O., S. 117.
[14] „Theater", Jg. I, 1910/11, S. 139.

Klangqualität – seit dem Weggang Mahlers gesunken: trotz verdienstvoller und tüchtiger Kapellmeister wie Gustav Brecher und Egon Pollak, trotz des zeitweiligen Engagements des jungen, noch von Mahler empfohlenen Otto Klemperer.
Im Jahre 1912, nachdem Max Bachur seinen Pachtvertrag nicht mehr verlängert hatte, übernahm mit Dr. Hans Loewenfeld, dem damaligen Leipziger Intendanten, ein universal gebildeter Künstler die Leitung des Hauses an der Dammtorstraße, doch sein Versuch, das Repertoire durch die Einbeziehung besonders der französischen Spieloper zu erweitern, scheiterte durch den Beginn des Krieges 1914 und dem damit verbundenen Chauvinismus, der englische, französische und italienische Oper vom Spielplan verdammte – selbst Verdi konnte nur mit Mühe im Repertoire gehalten werden.
Mit Korngold und Schreker fand die Strauss-Nachfolge erste Beachtung, im Vordergrund stand jedoch weiterhin die Wagner-Pflege: im zweiten Jahrzehnt des 20. Jahrhunderts war fast jede zweite Aufführung die eines Wagner-Werkes; und 1913 konnte man die 500. Aufführung des „Tannhäuser" und des „Lohengrin" feiern. Auch in diesen Jahren gehörten später weltweit bekannte Sänger zum Hamburger Ensemble: die Wagner-Sängerin Lotte Lehmann ebenso wie der Mozart-Sopran Elisabeth Schumann, die Tenöre Carl Günther und Heinrich Hensel.
Im Frühjahr 1918 endete das letzte Pachtverhältnis: das Stadt-Theater wurde nach einigem Hin und Her in eine Aktiengesellschaft umgewandelt, deren Aktienmehrheit die Stadt hielt, die nach der Inflation 1923 bereits 1,5 Millionen Reichsmark Subventionen zahlte und damit durchsetzen konnte, daß die Eintrittspreise in den billigeren Kategorien auch für den Wenigverdiener erschwinglich waren. Hinzu kamen die von der Patriotischen Gesellschaft und von der Volksbühne veranstalteten Vorstellungen, in denen der beste Sitzplatz nur 1 Reichsmark kostete und damit deutlich preisgünstiger war als ein Platz in den damals aufkommenden Kinopalästen. Von 1922 bis 1933 war Leopold Sachse, zuvor Intendant in Halle und erfahrener Regisseur, Leiter des Hamburger Opernhauses, aber auch er konnte einen erneuten Qualitätsverlust nicht aufhalten, zumal eine schwindende Besucherzahl immer mehr Konzessionen an das Unterhaltungsbedürfnis des Publikums notwendig machte: Rührstücke wie Kienzls „Evangelimann" nahmen ebenso Einzug in den Spielplan wie die bisher gemiedene Operette; mit neuen Stücken oder aber mit selten gespielten alten hielt man sich deutlich zurück – lediglich Ernst Kreneks Jazz-Oper „Johnny spielt auf", in den zwanziger Jahren ein Erfolgsstück, kam auch in Hamburg heraus.
Die längst überalterte Bühnentechnik – schließlich spielte man, von einigen Umbauten und nachträglichen Änderungen abgesehen, in einem Haus von 1827 –, aber auch mangelnde Sicherheitseinrichtungen im Zuschauerhaus machten einen tiefgreifenden Umbau notwendig, der dazu zwang, die Spielzeit 1925/26 in der ehemaligen Volksoper am Millerntor abzuhalten – die Staatsoper spielte in St. Pauli, und auch dem vornehmsten Hamburger war dieser Weg nicht zu weit. Am 26. September 1926 eröffnete man das neu renovierte Haus mit Wagners „Meistersingern". Dem weiterhin schwachen Besuch – die finanziell tragenden Schichten waren durch die zunehmend unsicherere wirtschaftliche Lage mit kulturellen Ausgaben sparsamer geworden, zahlreiche in den führenden

Kaufmannsfamilien weitervererbte Abonnements wurden zurückgegeben – versuchte man durch Gastspiele von Benjamino Gigli und Lauritz Melchior, von Maria Ivogün und Sigrid Onegin aufzuhelfen, aber letztlich mußten – nachdem jetzt auch Wagner kein sicherer Kassenfüller mehr war – immer mehr Operetten dem schwindenden Finanzpolster zu neuer Fülle verhelfen.

Den alternden Egon Pollak löste 1931 Karl Böhm als neuer musikalischer Leiter ab, und mit zunehmendem Einfluß der Nationalsozialisten wurde die Stellung des jüdischen Intendanten Leopold Sachse immer weniger haltbar, so daß er 1933 „freiwillig" zurücktrat und später durch den regimetreuen Heinrich K. Strohm abgelöst wurde, der – zusammen mit dem Bühnenbildern Wilhelm Reinking – ein pathetisch-monumentales Operntheater veranstaltete, das alsbald als ‚Hamburger Opernstil' Verbreitung fand. Das NS-Regime hatte die damals üblichen Folgen: Werke jüdischer Komponisten verschwanden aus dem Spielplan, jüdische Künstler wurden entlassen, dafür fand manche von den NS-Kulturfunktionären lancierte ‚völkische Oper' den Weg auf die Bretter des Hamburger Hauses. Gleichwohl konnten sich neben Strohm einige Künstler behaupten, die auch nach dem Kriege noch Geltung hatten: so der Dirigent Eugen Jochum, der seit 1934 Opernchef war, so der Chefregisseur Oscar Fritz Schuh. Mit den alliierten Bombenangriffen des Sommers 1943 endete auch die regelmäßige Tätigkeit der Staatsoper: nachdem zuerst das Magazin mit den Dekorationen von mehr als sechzig Inszenierungen in Flammen aufgegangen war, zerstörten Bomben in der Nacht vom 2. zum 3. August auch das Zuschauerhaus vollständig, während das Bühnenhaus weitgehend unversehrt blieb. Bis zur Neueröffnung im Jahre 1956 war man erneut auf Aushilfsspielstätten angewiesen – die Zeit nach 1956 soll im zweiten Teil unseres Bändchens, der sich mit der Gegenwart des deutschen Musiktheaters befaßt, ausführlich dargestellt werden.

Dresden – Eine Hofoper

War die Hamburger Oper eines der wenigen Beispiele für die Förderung dieser Institution durch Kaufleute und Bürger, so ist die Geschichte der Opernpflege in Dresden ein besonders glänzendes Beispiel für eine Hof-Oper – schließlich gehört das sächsische „Elb-Florenz" bis in unser Jahrhundert zu den Zentren der deutschen Opernkunst und Opernpflege, und – wie sonst nur noch in München oder Wien – läßt sich hier die Entwicklung von den ersten Anfängen bis in unsere Zeit kontinuierlich verfolgen. Der Glanz und Ruhm des Dresdner Opernhauses reichte stets über die deutschen Grenzen hinweg, von Heinrich Schütz bis zu Richard Strauss, ja, der erste Historiker dieses Hauses, der sächsische Kammermusikus Moritz Fürstenau, schrieb im Vorwort seines zweibändigen, 1861 erschienenen Werkes „Zur Geschichte der Musik und des Theaters am Hofe zu Dresden" enthusiastisch: „Die Mitglieder des hohen sächsischen Regentenhauses waren von jeher so großmüthige Beschützer der Kunst, daß die Geschichte der Musik- und Theaterzustände am Dresdner Hofe ein treues Spiegelbild der Geschichte der Musik und der dramatischen Kunst überhaupt ist"[1].
Dresden gehört zu den deutschen Musikstädten, deren Geschichte sich am weitesten zurückverfolgen läßt: seit 1485 Residenz der Wettiner, seit 1521 – unter Moritz von Sachsen, dem Beschützer Martin Luthers – Kurfürstentum, seit 1548 Sitz einer Hofkapelle, der ältesten in Deutschland, die vor wenigen Jahren ihr 425jähriges Jubiläum feiern konnte. Erster Dresdner Hofkapellmeister wurde Luthers musikalischer Berater Johann Walter, einer seiner berühmtesten Nachfolger war – von 1617 bis zu seinem Tode 1672 – Heinrich Schütz. Aber nicht nur die zu Beginn lediglich für den Kirchendienst vorgesehene, mit Sängern besetzte, alsbald aber mit zahlreichen Instrumentalisten erweiterte und auch für weltliche Aufgaben herangezogene Hofkapelle sorgte für eine vielseitige, weltoffene musikalische Bildung, die der Gründung eines Opernhauses stets die besten Voraussetzungen sichert; darüber hinaus waren es die weithin berühmten Dresdner Hoffeste, in denen mehr und mehr das musikalisch-theatralische Element an Bedeutung gewann, bis es 1667 zur Einrichtung eines festen Ensembles und eines regelmäßigen Opernbetriebes kam.
Die Hoffeste des 16. und 17. Jahrhunderts, über die Irmgard Becker-Glauch insbesondere anhand von erhaltenen Bildquellen ausführlich informiert[2], fanden stets zu repräsentativen Anlässen statt: Fürstenbesuche, Fürstenhochzeiten, Totenfeiern, aber auch große Turniere und Reiterwettkämpfe waren der Anlaß zu prunkvoll-bunten Aufzügen, in denen

[1] Moritz Fürstenau: Zur Geschichte der Musik und des Theaters am Hofe zu Dresden. Dresden 1861/62, 2 Bde., Zitat Bd. 1, S. X.
[2] Irmgard Becker-Glauch: Die Bedeutung der Musik für die Dresdner Hoffeste. Kassel 1951.

die Musik und die theatralische Aktion eine große Bedeutung erlangten, bis es – bei der Vermählung der sächsischen Prinzessin Luise mit dem Landgrafen Georg von Hessen-Darmstadt – in der Residenz in Torgau zur Aufführung der ersten deutschen Oper kam – mit der Musik von Heinrich Schütz und dem Text von Martin Opitz, den dieser nach dem italienischen Vorbild Rinuncinis für seine „Daphne" verfaßt hatte. Wenige Jahre später, bei der Hochzeit des Kurprinzen Johann Georg II. mit Magdalene Sybilla von Brandenburg, gab es eine große Ballettaufführung. Moritz Fürstenau berichtet, unter Heranziehung zeitgenössischer Quellen, darüber:

„Unter vielen wochenlang dauernden Festlichkeiten war am 20. November (1638) nach aufgehobener Tafel auf dem Riesensaale ‚ein stattliches BALLET mit unterschiedlichen Abwechslungen und 10 Balleten, auch einer wohl disponirten action, von dem ORPHEO und EURIDICE vollnbracht, worüber die Calliope, als Obriste der Musen / ein Cartell aufgeworfen'. In diesem gedruckten Programm heißt es: ‚Die Invention solches Ballets ist von Herrn Augusto Buchnern, Professore poeseos zu Wittenberg, auf itzige neue Art in deutsche Verse gesetzen, von dem Chürfürstlichen Capellmeister Herrn Heinrich Schützen aber auf Italienische Manier componirt und von dem Tanzmeister Gabriel Mölichen in zehn Balettänze gebracht worden"[3].

Deutlich wird aus dieser Beschreibung das Zusammenwirken von neuer deutscher Barockdichtung und Musik ‚auf italienische Manier', die Schütz, selbst Schüler Gabrielis in Venedig, durchaus zu schreiben wußte. Das Ballett ist sicherlich als eine Art ‚Gesamtkunstwerk' aus Tanzfolgen, Arien und Liedern zu verstehen, weist doch der zeitgenössische Text auf die ‚action' hin. Leider ist hier – wie bei der „Daphne" – Schützens Musik verloren.

Deutlich wird darüber hinaus die Vorliebe für die italienische Musik, die am Dresdner Hof herrschte und die insbesondere der Kurprinz Johann Georg II., der sich seit 1641 eine eigene Kapelle hielt, beförderte. Die Anwerbung italienischer Musiker betrieb der Prinz höchst intensiv: „er hielt sich dazu einen eigenen Factor in Venedig, der seine Angelegenheiten auch in anderen Städten Italiens zu besorgen hatte. Dies Bestreben des Kurprinzen, Italiener für seine Capelle zu gewinnen, war so groß, daß sich 1652 sogar die Kurfürstin von Baiern wegen ‚Abspenstigmachung ihrer italienischen Musikanten' beklagte"[4]. Als Johann Georg II. 1656 Kurfürst wurde, verschmolz er die beiden Kapellen, und der Italiener Andrea Bontempi wurde neben Heinrich Schütz Vicekapellmeister.

Die Kapelle des ehemaligen Kurprinzen wies damals schon, als dies in Deutschland noch ganz ungewöhnlich war, zwei italienische Kastraten, nämlich Domenico Melani und Bartolomeo Sorlisi auf, die der Kurfürst besonders förderte, sie zu Kammerherren, ja sogar Kammerjunkern befördern ließ und den letzteren schließlich zum Amtshauptmann von Dippoldiswalda machte.

In den späten fünfziger Jahren konzentrierten sich die theatralischen Bemühungen immer mehr auf den Bereich der Oper, während der Einfluß des französischen Ballet de cour

[3] zit. nach: Fürstenau, a.a.O., Bd. 1, S. 103.

[4] zit. nach: Fürstenau, a.a.O., Bd. 1, S. 213f.

zurückging, der Schauspielbereich von englischen Komödianten bestellt wurde, die – wie die Titelsammlung zu vermuten zuläßt, bereits damals Werke von Shakespeare (Lear, Othello) in Dresden zur Aufführung brachten.
Wieder war es – am 19. Oktober 1662 – eine Fürstenhochzeit, die zur Aufführung einer Oper, der ersten italienischen, den Anlaß gab: für die Vermählung der Tochter des Kurfürsten Erdmuthe Sophie mit dem Markgrafen Ernst-Christian von Brandenburg-Bayreuth komponiert der Vizekapellmeister Bontempi seine Opera Musicale „Il Paride", die in siebenunddreißig Szenen mehr als 30 Sänger verlangte und von daher bereits auf die hohen musikalischen und szenischen Möglichkeiten des Dresdner Hofes hinweisen kann. Erhalten hat sich – neben der Partitur, die etliche Jahre später im Druck erschien – auch ein interessanter Augenzeugenbericht: „Montag den 3. octobris abermals bey Lichte ist das schöne italienische Spiel, mit musicalischen Stimmen, singe- und Instrumentis, und darinnen des PARIDIS Urtheil, welche unter den drey Göttinnen, der Junone, Pallade und Venere die schönste sey, wie auch der Raub der schönen Helenen in Griechenland, vorgestellet worden. Bey diesem Spiel haben sonderlich die schönen Inventiones, daß nehmlich die Eris auf einem Drachen in die Höhe geflogen, die Götter insgesambt in einen gewölcke, absonderlich aber der Mercurius und Cupido sich aus der Höhe herunter auf das Theatrum gelassen, und wiederumb in die Wolcken hinaufgezogen, dann die vielen und auf Sechzehenmal geschehene Veränderungen des Theatri, eine sonderbare Lust und anmuthigkeit gegeben, wie nicht weniger die schöne nach einem jeden Actu getanzte Ballette das spiel gezieret. Es hat solches nach 9 Uhr angefangen und sich nach 2 Uhr morgens frühe geendet". – Man sieht nicht nur in musikalischer Hinsicht, sondern auch in der Bühnenausstattung mit Flugmaschinen und Versenkungen, mit Ballett und vielfachem Szenenwechsel – und all dies in einem großen Festsaal, noch nicht in einem stehenden Theater – war man in Dresden auf der Höhe der Zeit, und die Aufführungsdauer von mehr als fünf Stunden dürfte an die Ausdauer der Zuhörer ebensolche Ansprüche gestellt haben wie heute eine Wagner-Oper.
Am 1. August 1664 – so bezeugt es ein ausführliches Hofprotokoll – legte der damalige Kurfürst Johann Georg II. den Grundstein für ein ‚Comödienhaus', das der Festungsbaumeister Wolf Kaspar von Klengel nach italienischem Vorbild entworfen hatte, und nach knapp zweieinhalbjähriger Bauzeit wurde am 27. Januar 1667 dieses (nach Wien, 1651) zweite feste Opernhaus auf deutschem Boden mit der Festa teatrale „Il Teseo" von Giovanni Andrea Moneglia eröffnet; die Leitung des Hauses, für das in der Folgezeit neue Bedienstete (vom Theatermaler über den Bekleidungs- und Perückenmeister bis zum Bühnentechniker) eingestellt wurden, hatten der Hofkapellmeister Andrea Bontempi und Jeremias Seyffert, vorher Inspector der Instrumentenkammer.
Der damalige Hofchronist A. Weck beschreibt das neueröffnete Haus in seinem Buch „Der Churfürstlich Sächsischen weitberuffenen Residentz- und Haupt-Vestung Dresden Beschreibung und Feststellung" so:
„Dieser Baw ist von Pirnaischen harten Steinen von Grund aus nach Italienischer Structur, so hoch und groß aufgeführet, daß 2000 Menschen füglich darinne zuschauen können, das Theatrum Orchestra auch so geraum, danebst die maschinen und Verwen-

dungen so leicht, und auf so vielfältige Art zu bewegen, als einig ausländischer Orten zu befinden. In dieses Comoedien-Hauß und Fürstl. Loggia gehet man, von den Churfürstl. Gemächern, über einen gantz steinern breiten Gang, von ohngefehr 50 Schritten, mit Eisern künstl. Geländern, welcher auf Dorisch Rustischen steinern Säulen ruhet, deren iedwede von einem einzigen Stücke ist, und ist dieser Bau mit besonderer Kunst, ohne darunter geschloßene Bögen, aufgeführet"[5].

Der Zeitgenosse Weck hat bereits auf den für die damalige Zeit überraschend großen Orchesterraum vor der Bühne hingewiesen, der mehr als 30 m^2 betrug; die Bühne selbst, durch drei Zwischenvorhänge und Prospekte teilbar, wies zehn hintereinander gestaffelte Kulissenpaare auf.

Anders als in Hamburg begann mit der Eröffnung des neuen Hauses kein regelmäßiger Spielbetrieb in heutigem Sinne: Opernaufführungen waren immer noch an besondere Feste, an die Karnevalszeit und an ähnliche repräsentative Gelegenheiten geknüpft. So gab es nach der Einweihung im März 1667 zwei Wiederholungen des „Teseo", dazu ein „Frauenzimmer-Ballett von der Glückseligkeit" nach einem Szenarium und Text des damaligen Tanzmeisters David Schirmer, hinzu kamen Schauspielaufführungen von gastierenden Wandertruppen oder zusammengestellt aus den Diener-Schauspielern, die der Dresdner Hof beschäftigte. 1668 sah man das Singballett „des Atlas von den 4 Teilen der Welt", in dem auch die Töchter des Fürsten mitwirkten, 1671 die deutsche Oper „Apollo und Daphne" mit Musik von Andrea Bontempi, der man das Libretto von Martin Opitz zugrundegelegt hatte – diese Oper wurde bis 1679 im Repertoire gehalten und innerhalb dieser Zeit mehrfach wiederholt.

Erwähnenswert ist darüber hinaus die Aufführung der deutschen Oper „Jupiter und Jo" im Jahre 1673, die der Hof anläßlich der Versammlung der sächsischen Landstände veranstaltete und die von 6 Uhr nachmittags bis nach Mitternacht dauerte, und schließlich das 1678 von dem Schütz-Schüler Christoph Bernhard, seit 1672 als Nachfolger seines Lehrers zum Hofkapellmeister befördert, komponierte Planetenballett, das von dem in Hamburg tätigen Johann Oswald Harms ausgestattet wurde. Fast noch mehr als sein Vorgänger im Amt bemühte sich Kurfürst Johann Georg III. um die Oper: so wies er in einem Hofreskript den Erzieher der Kapellknaben an, diese sollten im Singen so unterrichtet werden, daß sie „in der Capelle, als bei der Taffel und Operen Dienste leisten können, Zu welchem Ende sie auch die Italienischen Arien lernen sollten, in solcher Sprache bey der Taffel und Operen sich hören zu lassen"[6], ja, nach einem längeren Aufenthalt in Venedig im Frühjahr 1685 beschloß er die Begründung einer festen italienischen Oper in Dresden. Am 20. Februar schrieb er an seinen Hofkämmerer und ehemaligen Sänger Domenico di Melani: „Mögen Euch nicht bergen, daß Wir eine völlige italienische Musik mit nach Dresden bringen, ingleichen einen Capellmeister, werden euch daher nicht eher weglassen, bis Uns ihr habt eine opera helfen angeben. Wir bringen

[5] A. Weck: Der Churfürstlich Sächsischen weitberuffenen Residentz- und Haupt-Vestung Dresden Beschreibung und Vorstellung. Nürnberg 1680, S. 68.

[6] zit. nach: Fürstenau, a. a. O., Bd. 1, S. 265.

auch ein Frauenzimmer mit, so vortrefflich wohl singet. Weil wir entschlossen, etliche opera in Unserer Residenz präsentiren zu lassen, als wollet ihr inzwischen darauf bedacht sein, daß ihr zwei in Bereitschaft haben möget und daß eine auf Unseren Geburtstag, die andere aber auf Margariten könne vorgestellet werden, auch wollet ihr den Maler Hermes verschreiben, weil wir geneigt sind, ihn gnädigst in Dienst zu nehmen"[7].

Stars dieser neuen Truppe waren der Capellmeister Carlo Pallavicino und besonders die im kurfürstlichen Schreiben erwähnte Sängerin Margarita Salicola, die Johann Georg in einem venezianischen Theater gesehen hatte und die er – da sie offiziell in Diensten des Herzogs von Mantua stand – nur durch die Zahlung von Bestechungsgeldern und durch eine romantisch anmutende Entführungsgeschichte nach Dresden mitbringen konnte. Der erste Auftritt der neuen Sängerin, der ersten Frau, die auf einer deutschen Opernbühne auftrat, war am 30. Januar 1686 in der Oper „Alarico", und der Hofchronist schrieb darüber: „so hörte man auch in diesem Jahre Abends öffters die berühmte Italienische Sängerin, Margeretham Salicolam, so Ihre Churfürstl. Durchl. mit aus Welschland gebracht, singen, deren Stimmen so lieb und starcke vom Klange, als eine Trompete"[8].

Die Begeisterung des Kurfürsten für seine Oper reichte über das normale Interesse hinaus; so berichtet Fürstenau, Johann Georg III. „wohnte den Proben bei, von denen die letzte gewöhnlich ‚im rechten habit' (Kostüm) stattfand; sogar sein Souper wurde öfter in der Hofloge servirt"[9].

Apropos Kostüm: schon damals sparte man in der Ausstattung und an den Kostümen der Sänger nicht – so hat sich aus dem Jahre 1686 eine Schneider-Rechnung erhalten, über „seidene und andere Wahren zu romanischen und türkischen Kleydern", auf der allein für vier Anzüge ein Lohn von 315 Talern berechnet wurde. Wenn man bedenkt, daß der Theaterarchitekt und Maschinenmeister – bei freiem Logis im Opernhaus – gerade so viel im Jahre verdiente, so ist das ein erheblicher Aufwand für die Schaulust des damaligen Publikums.

Nach dem Tode Pallavicinos übernahm Nikolaus Adam Strungk, damals bereits ein vielfach ausgewiesener Opernkomponist, der bereits in Hamburg, Braunschweig-Wolfenbüttel und Hannover eigene musikalische Bühnenwerke zur Aufführung gebracht hatte, die Leitung der Dresdner Oper, und im selben Jahre 1688 stellte der Kurfürst mit Stefano Pallavicino den wohl ersten Opernhofdichter, Dramaturgen und Regisseur in Dresden an. Bis 1694 wurde regelmäßig italienische Oper gespielt, danach wurde die Truppe aufgelöst – zum Teil aus finanziellen Gründen, zum Teil, weil Johann August I. nach seinem Übertritt zum Katholizismus die polnische Krone angenommen hatte und eine lange Zeit des Jahres in Warschau verbrachte. Gleichwohl gastierten französische und italienische Operntruppen regelmäßig in Dresden, und zwar – nachdem das Opernhaus 1708 in die Hofkapelle umgebaut worden war – im großen Redoutensaale.

Auf Betreiben des Kurprinzen Johann August II., der – anders als sein Vater, der eher für das französische Ballett schwärmte – die italienische Oper bevorzugte, wurde 1717 –

[7] zit. nach: Fürstenau, a. a. O., Bd. 1, S. 280.
[8] zit. nach: Fürstenau, a. a. O., Bd. 1, S. 284 f.
[9] Fürstenau, a. a. O., Bd. 1, S. 297.

nachdem ein Jahr zuvor der Frieden von Warschau mit Schweden geschlossen worden war und somit wieder Gelder frei wurden – eine neue italienische Oper ins Leben gerufen, mit zahlreichen Sängern, die der Kurprinz in Venedig anwarb, unter ihnen der berühmte Kastrat Senesino, und mit den beiden Kapellmeisters Antonio Lotti und Johann David Heinichen. Da der Neubau eines großen Opernhauses geplant war, brachte man auch italienische Baumeister mit nach Dresden. Zuerst spielte man weiterhin im Redoutensaale, bis am 3. September 1719 das von dem sächsischen Oberbaumeister Matthias Pöppelmann, dessen Bauten bis zum zweiten Weltkrieg das barocke Dresden beherrschten, und dem Italiener Alessandro Mauro entworfene neue Opernhaus eröffnet werden konnte. Moritz Fürstenau hat wiederum die Kosten des Unternehmens genau mitgeteilt: so betrug der Jahresetat der Oper an Gehältern allein 45.000 Taler, und der Bau des neuen Opernhauses, der auf 65.000 Taler veranschlagt worden war, kostete schließlich 147.917 Taler, und zwar „der äußerliche Opera-Hauß-Bau (welchen Pöppelmann geleitet), interims Zimmer vor die Operisten, 2 Salons für den König und die Gallerie dazwischen 104.172 Taler, der innerliche Ausbau des Opera-Hauses (den Mauro ausgeführt) nebst denen Scenen, Maschinen und der Vergoldung des Amphitheatri 43.745 Taler"[10]. Der Kostenvoranschlag war also – eine uns heute ebenfalls vertraute Sache – um mehr als 130% überschritten worden.

Das Opernhaus war damals eines der größten in ganz Europa: es faßte – abgesehen von den Logen, gut 2000 Zuschauer. Allein die Bühne war 45 m tief und gut 25 m breit, zur Bedienung der Maschinen und Dekorationen waren, wie es in einer ‚Dienstvorschrift' des Oberbauamtes hieß: „14 Mann unter dem Theater (in der Unterbühne), 40 Mann auf der Bühne und 22 Mann über dem Theater (bei den Flugmaschinen und im Schnürboden)" notwendig.

Eine der interessantesten Vorstellungen im neuen Hause war am 3. September 1719 anläßlich der Vermählung des Kurprinzen mit der Erzherzogin Maria Josepha von Österreich. Fürstenau beschreibt diese Vorstellung, bei der man Lottis bereits 1717 aufgeführte Oper „Giove in Argo" spielte, sehr genau, und seine Beschreibung ist insonderheit aus sozialgeschichtlicher Sicht interessant, weil hier sich authentische Angaben über die Publikumsschichten finden lassen. Er schreibt: „Zu dieser Vorstellung wurden die Billets nicht wie gewöhnlich im Oberhofmarschallamte ausgetheilt, sondern Hoffouriere sagten die Oper in der Stadt an, worauf alle jene Zutritt hatten, welche nach der Hofrangordnung wenigstens den Rang eines Kammerjunkers oder Obristen einnahmen. Dieses Zeremoniell blieb von nun an bei Galaopern immer dasselbe. Das Plätzeanweisen geschah in solchem Falle im Parterre durch Kammerherren, auf den übrigen Plätzen durch Kammerjunker; bei gewöhnlichen Vorstellungen, wenn Billets ausgetheilt wurden, versahen dies Amt Kammerjunker und Schweizeroffiziere, wie denn Schweizersoldaten die Aufsicht in- und außerhalb des Opernhauses hatten. Bei Galaopern saß die königliche Familie meist unmittelbar vor dem Orchester im Parterre, in welches dann nur hoffähige Damen in großer Toilette zugelassen wurden; bei gewöhnlichen

[10] zit. nach: Fürstenau, a.a.O., Bd. 2, S. 129 f.

Vorstellungen befand sich der König in der rechten, der Kurprinz in der linken Prosceniumsloge, der übrige Hof in der Mittelloge, und hatten dann nur Herren in's Parterre Zutritt, während das Amphitheater oder die Stufen für Damen reservirt wurden. Die Logen des ersten Ranges waren für die höchsten Würdenträger, Gesandten und Fremden bestimmt, die des zweiten Ranges für die übrige Hofgesellschaft, für höhere Beamte, Offiziere und Fremde. Im dritten Range oder ‚Paradieß' wurden ‚Cammer- und andere Bediente' placirt. Bei gewöhnlichen Vorstellungen wurden auf dem Amphitheater ‚Bürger und Weiber aus der Stadt' zugelassen, wie es denn immer des Königs Absicht war, das gesammte Publikum Dresdens so zahlreich wie möglich zu seinen Festen heranzuziehen"[11]. Und natürlich zahlte niemand Eintritt. Das prachtvolle Opernhaus und der künstlerische Rang des Ensembles, das damals zu den führenden in ganz Europa gehörte und vielfach besser war als in Italien, zogen viele berühmte Gäste an: so besuchte 1717 Johann Sebastian Bach den Hof und das Theater, so fanden sich 1719 Georg Philipp Telemann und Georg Friedrich Händel ein, der letztere durchaus mit offiziellem Auftrag des englischen Königs, denn es gelang ihm, führende Kräfte der Dresdner Oper, darunter die Primadonnen Durastanti und Salvay sowie die Kastraten Senesino und Berselli nach Ablauf ihres Vertrages nach London zu verpflichten. Dies gelang ihm deshalb, weil der Dresdner Hof ohnehin wieder an eine Auflösung der italienischen Oper dachte und zeitweilig die französische Theaterkunst favorisierte. Doch diese Abstinenz hielt nicht lange an: bereits 1726 und 1727 kam es erneut zu Opernaufführungen; gegeben wurden zwei Commedie della Musica von Giovanni Alberto Ristori, mit dem Titel „Calandro" und „Don Chischiotte". Besonders prunkvoll war der Karneval 1728, gefeiert zu Ehren des preußischen Königs Friedrich Wilhelm I. und des Kronprinzen, des späteren Friedrich II., der damals erstmals italienische Oper erlebte und seinen späteren Musiklehrer, den in der Dresdner Hofkapelle angestellten Flötisten Johann Joachim Quantz, kennenlernte. Besonderen Aufschwung erlebte die italienische Oper im Sommer 1731 durch das Engagement des in Hamburg unter Reinhard Keiser ausgebildeten, seit 1724 in Italien erfolgreichen Opernkomponisten Johann Adolf Hasse, den die Italiener nur noch ‚il divino Sassone' nannten, und seiner Gattin Faustina Bordoni, eine der erfolgreichsten Sängerinnen des gesamten 18. Jahrhunderts. Die „Dresdner Merkwürdigkeiten" meldeten im Juli 1731:

„Den 7. Juli ist der Königl. Poln. und Churfürstl. Sächs. Capellmeister, Mons. Hasse, mit seiner neuen Eheliebsten, der bekandten Sängerin Faustina, die ihres gleichen wenig haben soll, aus Venedig allhier angelanget, und hat Tags darauf bey Ihro Maj. dem König dieselbe erste Probe ihrer Geschicklichkeit im Singen zu vollkommenem Contenement hören laßen"[12].

Seit dieser Zeit datiert die längste ununterbrochene Glanzzeit der italienischen Oper in Dresden, die das Haus zu den führenden in Europa machte: mehr als dreißig Opern brachte Hasse in Dresden zur Aufführung, und immer mehr berühmte Künstler ließen

[11] Fürstenau, a.a.O., Bd. 2, S. 139 f.

[12] zit. nach: Fürstenau, a.a.O., Bd. 2, S. 179.

sich in die sächsische Residenzstadt verpflichten – so seit 1748 der berühmte Theaterarchitekt und Bühnenbildner Giuseppe Galli Bibiena, so zahlreiche weitbekannte Sänger. Das Interesse an der Oper wuchs so sehr, daß – während sich die Hofoper weitgehend auf ernste Werke beschränkte und nur selten die sich entwickelnden musikalischen Komödien berücksichtigte – der italienische Impresario Pietro Morelli die Erlaubnis erhielt, 1755 ein eigenes Haus zu eröffnen, in dem von nun an in erster Linie die Buffo-Opern von Galuppi, Scolari und Fischietto aufgeführt wurden. Doch der Ausbruch des Siebenjährigen Krieges, der Sachsen und insbesondere Dresden stark in Mitleidenschaft zog, brachte das blühende Musikleben fast zum Erliegen. Hasse verließ Dresden, und mit ihm ,,entflohen die Musen, um dem furchtbaren Gotte des Krieges Platz zu machen''[13].
Nach dem Hubertusburger Frieden versuchte man zwar, die italienische Oper wieder zu beleben, doch der alsbald folgende Tod des Königs und die Ebbe in den Staatskassen sorgten für einen schnellen Schluß der Unternehmungen. Hasse und Faustina Bordoni wurden entlassen und kehrten zurück nach Italien, die übrigen Sänger wurden abgefunden oder pensioniert – die Glanzepoche der italienischen Oper in Dresden war beendet, wenn gleich die Truppe Morellis weiterhin spielte und zum Teil auch subventioniert wurde. Neuer Hofkapellmeister wurde Johann Gottlieb Naumann, der deutsche und italienische Tradition in seinem Werk vereinigte, der 1769 mit der Festoper ,,La Clemenza di Tito'' auf einen Text Metastasios das letzte große Beispiel italienischer Opera seria in Dresden lieferte und gleichzeitig in den neunziger Jahren des Jahrhunderts mit Gottfried Körner und Friedrich Schiller an der Herausbildung einer deutschen Nationaloper arbeitete. Italienische und deutsche Oper arbeiteten damals in Dresden nebeneinander: die Truppen der Morelli und Bustelli spielten im Hoftheater, an die Stelle des aristokratischen Unternehmens einer Hofoper trat das subventionierte Privattheater, das nun – gegen Eintritt – sich dem Bürgertum öffnete und seinem Unterhaltungsbedürfnis durch die Bevorzugung der Buffa entgegenkam; im selben Hause spielten – an opernfreien Tagen – die deutschen Schauspielgesellschaften die nach dem englischen Vorbild entstandenen deutschen Singspiele eines Standfuß, Benda und Hiller. Nach Naumanns Tod erfuhr die italienische Oper, die in Dresden – am längsten in Deutschland – bis 1832 existierte, erneute Aufwertung durch das Engagement des Hofkapellmeisters Fernando Paër, der bis 1807 in Dresden blieb; ihm folgte 1810 Francesco Morlacchi, der die italienische Oper bis zu ihrer Auflösung als hervorragender Orchestererzieher betreute. Die deutsche Oper war um die Jahrhundertwende – neben den Gastspielen deutscher Schauspieltruppen – hauptsächlich durch das Vororttheater des Joseph Seconda vertreten, der sich seit 1791 darum bemühte, das deutsche Singspiel zu fördern – und dies ohne höfische Subventionen, für das zu neuem Bewußtsein erwachte Bürgertum. ,,Die Mittel, mit denen hier die Werke Mozarts nach wie vor hauptsächlich mit Schauspielern, die auch nebenbei im Gesang dilettierten, in deutscher Sprache für Dresden erstaufgeführt wurden, waren allerdings äußerst bescheiden, und der Hof und die höheren Kreise

[13] Fürstenau, a.a.O., Bd. 2, S. 360f.

blickten nicht ohne Grund auf dieses Vorstadtvergnügen herab"[14]. Musikalischer Leiter dieser Truppe war eine Zeit lang der heute fast nur noch als romantischer Dichter bekannte E.T.A.Hoffmann, der hier auch seine Singspiele und die Oper „Undine" konzipierte.

Rang und Bedeutung erhielt die deutsche Oper in Dresden erst nach der Beendigung der Befreiungskriege, in denen das Königreich Sachsen nicht gerade eine ruhmvolle Partie gespielt hatte. Neuer Intendant des Königlichen Theaters, in dem die italienische Oper, das deutsche Schauspiel und die Hofkapelle vereinigt waren, wurde Heinrich Graf Vitzthum, der alsbald die Einrichtung einer deutschen Oper durchzusetzen wußte und hierfür als Leiter Carl Maria von Weber gewinnen konnte. Gespielt wurde in dem 1755 im Auftrage Pietro Morellis errichteten kleinen Komödienhaus am Zwinger, das – trotz mehrfacher Erweiterungsbauten – nur knapp 800 Zuschauern (gegenüber etwa 2500 im Pöppelmann'schen Hause) Platz bot und nur über eine kleine Bühne verfügte. Über die Rangstreitigkeiten zwischen Weber und Morlacchi, über das ganze Hin und Her zwischen italienischer und deutscher Oper, zwischen Aristokratengeschmack und neuem Bürgerbewußtsein hat Wolfgang Becker eine vorzügliche Studie geschrieben[15]; hier sei nur auf einige wenige Fakten hingewiesen.

Nicht nur die räumliche Unterbringung des neuen Instituts – neben dem ehemals Morelli'schen Komödienhause spielte man im Sommer im Hause der ehemals Seconda-'schen Truppe im Lincke'schen Bade, einem besseren Gasthaustheater, oder in der Orangerie des Schlosses Pillnitz – war beengt; als Weber im Januar 1817 mit der Einstudierung von Méhuls „Jacob und seine Söhne" begann, hatte man „bisher noch nicht einen geschulten Sänger allein für die deutsche Oper engagiert, sondern lediglich bei der letzten Kontrakterneuerung mit dem Personal im September 1816 nebenbei auch die Bedürfnisse der zukünftigen deutschen Oper berücksichtigt und einige schon vorhandene Schauspieler, die ihrer angenehmen Stimme wegen auch Aussicht hatten, in der Oper beschäftigt zu werden, unter diesem Gesichtspunkt in Dresden behalten"[16]. Als Opernchor figurierte – wie schon seit fast eineinhalb Jahrhunderten – der Dresdner Kreuzchor, was insbesondere dann, wenn Frauenrollen darzustellen waren, „oft vom Publikum störend belacht"[17] wurde – so in einem Bericht der Intendanz. Brauchbar war eigentlich nur die Kapelle, die jedoch in dem kaum 15 qm großen Orchesterraum nur zur Hälfte Platz fand.

Durch Gastspiele einiger Prager Sänger und durch die Heranziehung von Nachwuchskräften konnte Weber den sängerischen Standard der Oper verbessern, ohne jedoch durchweg zufriedenstellende Leistungen zu erzielen; dazu waren die Belastungen der Darsteller zu groß, die Gagen zu gering. Überblickt man das Repertoire der deutschen Oper (wobei ‚deutsch' nur einen Hinweis auf die Aufführungssprache, nicht jedoch auf

[14] Wolfgang Becker: Die deutsche Oper in Dresden unter der Leitung von Carl Maria von Weber 1817–1826. Berlin 1962, S.22.

[15] siehe Anm.14.

[16] Becker, a.a.O., S.35.

[17] zit. nach: Sächsisches Landeshauptarchiv, Aktenbez. Loc 15148, Vol.II, Bl.52.

die Herkunft des Werkes gab), so reicht dies von Mozarts „Entführung" und „Zauberflöte" zu „Lodoiska" und „Die Wasserträger" von Cherubini, zu „Freischütz" und „Euryanthe" von Weber, zu „Jessonda" von Spohr, und – als Weber die junge Wilhelmine Schröder-Devrient engagieren konnte – zu Beethovens „Fidelio"; daneben spielte man französische Opern von Méhul, Grétry und Boieldieu sowie zahlreiche Singspiele und Liederpossen, von denen das „Donauweibchen" in den zehn Jahren der Direktion Webers die höchste Aufführungsziffer erreichte. Der Zwang zur Novität, durch das Unterhaltungsbedürfnis des Publikums, das – wie Weber schrieb – „seinen Kasperl haben wollte", und die geringe Laufdauer der einzelnen Serien (eine Aufführungsserie von 7 oder 8 Vorstellungen mußte schon als Erfolg gelten) belasteten das künstlerische Personal – und vor allem Weber, der zeitweilig auch noch die italienische Oper und die Kirchenmusik zu leiten hatte, derart, daß ausreichende Probenzeit und sinnvolle künstlerische Vorbereitung nur in Ausnahmefällen durchzusetzen waren.

Nach Webers Tod während seines London-Aufenthaltes 1826 blieb das „deutsche musicalische Departement" des Königlichen Theaters zwar bestehen (anders als die italienische Oper, die nach dem Tode Morlacchis geschlossen wurde), aber sein ohnehin nur geringes musikalisches Niveau war unter der Leitung von Carl Gottlieb Reissiger kaum zu steigern, obwohl sich dieser nachdrücklich für eine Verbesserung der Spielverhältnisse und eine Repertoire-Erweiterung einsetzte und etwa für die Durchsetzung der frühen Opern Richard Wagners sehr viel tat. Zur Verbesserung der Verhältnisse trug das neue, 1838–41 von Gottfried Semper errichtete Hoftheater etliches bei. Hier fand am 20. Oktober 1842 die Uraufführung von Wagners „Rienzi" statt, und aufgrund des großen Erfolges verpflichtete man den Komponisten – neben Reißiger – zum Musikdirektor, hier wurde – am 2. Januar 1843, „Der fliegende Holländer" uraufgeführt, hier war schließlich am 19. Oktober 1845 die Premiere des „Tannhäuser". Doch Wagner setzte sich in seinen 6 Kapellmeisterjahren in Dresden nicht nur für sein eigenes Werk ein; seine Gluck-, Mozart- und Beethoven-Aufführungen in der Oper und im Konzertsaal galten vielfach als Mustervorstellungen, und zum Gelingen solcher Produktionen trug das mit Sängern wie der Schröder-Devrient, dem Tenor Josef Tichatschek und dem Bariton Mitterwurzer ausgezeichnete Ensemble ebenso bei wie die stark verbesserte Hofkapelle, die Wagner als „die Wunderharfe" und das wohl beste deutsche Orchester bezeichnete. Der mißglückte Mai-Aufstand im Jahre 1849, an dem sich Wagner beteiligt hatte, zwang ihn – da er steckbrieflich gesucht wurde – zur Flucht in die Schweiz; die Wagner-Pflege am Dresdner Hause jedoch blieb auch unter seinem Nachfolger Julius Rietz vorbildlich. 1859 brachte man den „Lohengrin" heraus. Der Brand der Semper-Oper im Jahre 1869 brachte einige Improvisationen in einem hölzernen „Interimstheater" mit sich, bis 1878 der zweite Semperbau eröffnet werden konnte. Inzwischen hatte sich – nach Weber und Wagner – eine dritte Dirigentenpersönlichkeit am Dresdner Hause durchgesetzt: Ernst von Schuch, seit 1872 als Nachfolger von Karl August Krebs Kapellmeister, seit 1882 als Nachfolger des Chormusikkomponisten Franz Wüllner Generalmusikdirektor in der sächsischen Residenzstadt. Schuch intensivierte die Wagner-Pflege, brachte in Erstaufführungen die mittleren und späten Werke des Bayreuther Meisters heraus, ja präsentierte im Konzert

Bruchstücke aus dem „Parsifal", der ja bis 1913 für andere Opernhäuser gesperrt blieb. Schuch, der bis zu seinem Tode im Mai 1914 dem Dresdner Haus über vierzig Jahre verbunden blieb, baute mit viel Umsicht und Kennerschaft ein Sängerensemble auf, das damals seinesgleichen suchte: Sänger wie Therese Mallon, Heinrich Gudehus, Karl Perron und Karl Scheidemantel, später dann Marie Wittich, Annie Krull, Karl Burrian und Margarethe Siems gehörten zu den Stars der europäischen Bühnen, hielten aber ebenfalls für lange Jahre dem Dresdner Hoftheater die Treue.

Nachdem Schuch das Wagner-Repertoire im Spielplan verankert hatte, bemühte er sich um die damalige neue Musik: er brachte – knapp zwei Jahre nach der Mailänder Uraufführung – Verdis „Falstaff" heraus, und er begann am 21. November 1901 mit der Uraufführung der Oper „Feuersnot" von Richard Strauss die Reihe der glanzvollen Strauss-Premieren, die „ein nie verwelkendes Ruhmesblatt der Dresdner Oper bleiben werden"[18]. Es folgen weitere Strauss-Uraufführungen: am 9. Dezember 1905 die „Salome", am 25. Januar 1909 die „Elektra", am 26. Januar 1911 der „Rosenkavalier".

Mit den Dirigenten Fritz Reiner und (von 1922–1933) Fritz Busch fand Ernst von Schuch würdige Nachfolger, die auch seine Strauss-Pflege fortsetzten: nach der Erstaufführung der „Frau ohne Schatten", die Reiner leitete, brachte Busch am 4. November 1924 „Intermezzo", am 6. Juni 1928 „Die ägypthische Helena" zur Uraufführung. Zusammen mit dem damaligen Intendanten Alfred Reuker erneuerte Busch das Ensemble und sorgte für eine stilistisch vielfältige Opernpflege, die alsbald vorbildhaft in Deutschland wurde: er erweiterte das Repertoire von Händel bis zu Mussorgskij, zu Pfitzner, Hindemith, Weill, Busoni und Schoeck, er initiierte zusammen mit dem Regisseur Carl Ebert einen neuen, den Notentext präzise realisierenden Verdi-Stil, der sich deutlich von den konventionellen Aufführungen an anderen deutschen Bühnen unterschied: seine „Othello", „Falstaff" und „Troubadour"-Einstudierungen sind bis heute vielgepriesene Musterbeispiele werktreuer Inszenierung. In der Ära Busch sangen am Dresdner Haus Künstler wie Elisabeth Rethberg, Martha Fuchs, Maria Cebotari, Erna Berger und Paul Schöffler, und anders als etwa das Hamburger Opernhaus, das auf reisende Gaststars setzte, gehörten diese Sänger fest zum Ensemble des ehemaligen Hoftheaters, das jetzt ein Staatstheater war.

1933 drängten die Nationalsozialisten Busch und Reuker aus dem Amt; die Uraufführung von Strauss' „Arabella", die Busch noch einstudiert hatte, leitete am 1. Juli 1933 Clemens Krauss; danach übernahm Karl Böhm die musikalische Leitung für acht Jahre und leitete in dieser Zeit die Uraufführungen der „Schweigsamen Frau" am 24. Juni 1935, der „Daphne" am 15. Oktober 1938. Nachdem Böhm 1942 nach Wien berufen worden war, leitete Karl Elmendorff die Dresdner Oper bis zu jenem 13. Februar 1945, an dem diese den alliierten Bombenangriffen zum Opfer fiel.

[18] Art. „Dresden", in: Die Musik in Geschichte und Gegenwart, Bd. 3. Kassel 1954, Sp. 784.

Nationalsingspiel und Deutsche Romantische Oper

In den ersten Jahrzehnten des 18. Jahrhunderts verfiel die frühdeutsche nationale Operntradition, lösten sich die Häuser, die sich die Pflege der deutschen Barockoper vorgenommen hatten, auf oder spielten nun italienische und französische Oper, wandten sich die führenden deutschen Komponisten anderen Gattungen zu oder arbeiteten – wie Händel – im Ausland, in Italien und England, konzentrierten sich die Textdichter auf die Ausbildung eines eigengeprägten deutschen Sprechtheaters. Neben den immer wieder verfochtenen Plänen zur Gründung eines Nationaltheaters – von Lessing bis hin zu Schiller – pflegten die Schauspiel-Wandertruppen eine auf Gattungsreinheit verzichtende Mischform, das Schauspiel mit Musik, auch Singspiel genannt, das den Zeittendenzen mehrfach entgegenkam: anders als die barocke Opera seria, deren Künstlichkeit, Kompliziertheit und Weltfremdheit man bekämpfte, spielte das Singspiel bei der Besinnung auf Natürlichkeit und Einfachheit, beim Einfluß von galantem Ton und sensibler Empfindsamkeit eine große Rolle: nicht mehr koloraturenglitzernde Primadonnen, eitle Kastraten und Ausstattungsprunk sollten die Bühne beherrschen, sondern singende Schauspieler, Schlichtheit der Ausstattung und Volkstümlichkeit der Melodien. Der Anstoß hierzu kam erneut von außen: diesmal aber weder von der italienischen Opera buffa noch vom französischen Vaudeville-Theater, sondern aus England, wo die „Beggar's Opera" von Gay und Pepusch Händels Opernmacht erschüttert hatte, wo die Gattung der ‚Ballad Opera' mehr und mehr die steif-schematische Form der neapolitanischen Opera seria verdrängte. Die Gastspiele englischer Wandertruppen machten die Ballad Opera auch in Deutschland bekannt, und alsbald gab es Nachahmungen in deutscher Sprache: so 1752 in Berlin – in einer Aufführung der Schönemann'schen Truppe – das Stück „Der Teufel ist los oder die verwandelten Weiber" mit dem Text des Modedichters Christian Felix Weisse und der Musik von Johann C. Standfuß, so etliche Jahre später dasselbe Sujet in Leipzig, diesmal vertont von dem Bach-Nachfolger und Thomas-Kantor Johann Adam Hiller. Dieser hatte in Leipzig auch mit anderen Singspielen großen Erfolg: so großen sogar, daß die Professoren der Universität um den Besuch ihrer Vorlesungen zu fürchten begannen, weil die Studenten lieber ins Theater gingen, und deshalb die Koch'sche Theatertruppe nach Weimar verbannt wurde, wo sich – am Musenhofe der kunstsinnigen, selbst Singspiele verfassenden Herzogin Anna Amalia – alsbald ein Zentrum des deutschen Singspiels herausbildete.

Was sich jetzt als erster Versuch einer Anbahnung einer deutschen Opernform abzeichnete, stand im deutlichen Gegensatz zu den Opernbestrebungen knapp hundert Jahre zuvor: „Die Stoffwelt wich aufs schärfste von den Gebieten ab, denen sich die frühdeutsche nationale Opernbühne in erster Linie zugewandt hatte. Die letzten Brücken, die zur Bibel, zu Antike und Renaissance führten, waren gefallen, das Bauern- und Handwerkerstück, das Dorfidyll und das Märchen nehmen die Stätten in Beschlag, an denen vorher Patriarchen, Apostel und Engel, Könige, Usurpatoren und Borgias geherrscht hatten. Die Kleinbürger und armen Leute des dritten Standes, die in der frühdeutschen Oper als Scherenschleifer, Mausfallenhändler, Nachtwächter, Schornsteinfeger und dergleichen die Nebenrollen der komischen Personen, der Spaßmacher und gelegentlich auch einmal der Kontrastfiguren innegehabt hatten, treten jetzt ganz in den Vordergrund, und ihre Welt bleibt selbst dort noch lebendig, wo sich die Phantasie aus dem Alltag in das Reich der Märchenträume flüchtete".[1]

Ländliche Unschuld und die Kritik städtischer Verderbtheit, in etwas philiströser Verbindung von Rousseauismus und Schäferspiel, eine gezierte Naivität – das machte vielfach den Charakter der Singspieltexte aus, die stets primär Sprechstücke blieben, auch wenn Hiller schon ausgedehntere Gesänge und sogar Ensembles einschaltete. Was die Beliebtheit des in dieser Form hauptsächlich in Nord- und Mitteldeutschland gepflegten Singspiels ausmachte, war die empfindsame Liedlyrik, war der volkstümliche Romanzen- und Balladenton, der dazu führte, das viele der Lieder – losgelöst vom umgebenden Text – als ‚Volkslieder' weiterlebten.

Neben Standfuß und Hiller waren es Komponisten wie Johann Friedrich Reichardt und der spätere Beethoven-Lehrer Christian Gottlieb Neefe, wie Georg Benda und Johann André, die die Gattung durch zahlreiche Stücke erweiterten und ausformten; und in den siebziger Jahren bemühte man sich auch darum, die textliche Naivität und den spießbürgerlichen Ton ein wenig zu verbessern: nicht nur galante Lyriker wie Weisse, Gleim und Jacobi traten als Librettisten hervor, sondern auch Wieland und schließlich Goethe, dessen Singspiele „Claudine von Villa Bella", „Erwin und Elmire", „Jery und Bätely" und „Scherz, List und Rache" häufig vertont wurden. Die Perspektive der Texte wurde weiter, bezog Einflüsse von Goldoni, von Gozzi und von Shakespeare mit ein und erweiterte die Stoffe ins Märchenhafte, aber auch ins gespenstische Milieu und ins Exotische, wobei hier besonders die Türkenstücke großen Anklang fanden.

Daneben entwickelte sich in den 70er Jahren des 18. Jahrhunderts eine weitere Kunstform, die eine Verbindung aus gesprochenem Wort und erläuternder Instrumentalmusik unter Ausschluß des Gesanges herzustellen suchte: das Monodram. Ausgangspunkt war hier zum einen das dramatische Ballett, das insbesondere der französische Ballettmeister Jean Georges Noverre, der in Stuttgart und in Wien arbeitete, mit seinen „Lettres sur la dance et sur les balletts" inauguriert hatte, zum anderen die Frage des Akkompagnato-Rezitativs, das im Singspiel verpönt, aber ob seiner dramatischen Möglichkeiten geschätzt war. Nach dem Vorbild der lyrisch-pantomimischen Szene „Pygmalion" von Jean-Jacques Rousseau, die 1772 in Weimar aufgeführt wurde, entstand 1775 das bekannteste Beispiel des deutschen Monodrams, Georg Bendas „Ariadne auf Naxos",

[1] Ludwig Schiedermair: Die deutsche Oper. Leipzig 1930, S. 99; vgl. dazu auch: Siegfried Goslich: Die deutsche romantische Oper. Tutzing 1975.

dem zahlreiche weitere Stücke folgten, die – in einer Renaissance des Humanismus und der Antikenbegeisterung, unterstützt auch durch Winkelmann – die großen antiken Frauengestalten in den Mittelpunkt stellten: Benda komponierte eine „Medea", Neefe eine „Sofonisbe", Goethe schrieb den Text zu seiner „Proserpina", ja selbst Mozart versuchte sich in seiner „Zaide" mit dem Monodram, jener lyrisch-monologischen Theaterform, die – in der Darstellungskraft großer Schauspielerinnen wie Corona Schröter, Charlotte Brandes und Sophie Seyler – die Antikenbegeisterung jener Jahre auf die Musiktheater-Bühne zu bringen versuchte.

Aber nicht nur Singspiel und Melodram beherrschten in der zweiten Hälfte des 18. Jahrhunderts die opernästhetische Diskussion: man dachte durchaus auch an die durchkomponierte deutsche Oper. So schrieb der Gottsched-Schüler und Musikkritiker Johann Adolf Scheibe, der an dem „niederträchtigen, abgeschmackten, der Vernunft und allen Regeln augenscheinlich widersprechenden Wesen" der deutschen Barockoper scharfe Kritik geübt hatte:

„Wir könnten eine so gute Oper haben wie die Italiener und Franzosen, wenn tüchtige Dichter wirkliche musikalische Dramen schreiben wollten," und sein Aufruf blieb nicht ungehört: sowohl Klopstock als auch Lessing, der das Singspiel als possenhaft ablehnte, diskutierten die Möglichkeiten eines nationalen Musikdramas. Herder schrieb einen Operntext „Brutus", am meisten aber bemühte sich Christoph Martin Wieland um die zu entwickelnde neue Gattung. Seine ästhetischen Forderungen kennzeichnen den enormen Abstand vom Singspiel, aber auch von der Barockoper. Die Musik ist nicht mehr bevorzugte Herrscherin, sie muß aus den Intentionen der Dichtung entwickelt sein, „sie weiß zu schweigen, wo der Dichter allein reden muß, aber wo jener an den Grenzen seiner Kunst ist, da eilt sie ihm mit der ganzen Allmacht der Töne zu Hilfe." Die Probe aufs Exempel machte die 1773 in Weimar uraufgeführte „Alceste" mit der Musik von Anton Schweitzer; fortgesetzt wurde sie im pfälzischen Mannheim, in dem der Kurfürst Karl Theodor seit 1776 ein neues deutsches „Nationaltheater" ins Leben gerufen hatte, in dem 1777 die Oper „Günther von Schwarzburg" des Mannheimer Hofkapellmeisters Ignaz Holzbauer uraufgeführt wurde; eine Oper, die schon in der Stoffwahl auf das Herbeizitieren von „Griechen und Römern" (so der Prolog) verzichtete und auf Ereignisse der deutschen Vergangenheit zurückgriff, diese jedoch nach durchaus erprobtem metastasianischen Libretto-Muster schematisch abhandelte und auch musikalisch Anleihen bei der neapolitanischen Oper und bei Händel machte.

Einen anderen Verlauf nahm die Entwicklung im süddeutsch-österreichischen Raum: hier dominierten weiterhin – in Stuttgart, in München, in Wien – die italienischen Opern in den Hoftheatern; hier gab es aber daneben eine enge Verbindung der Singspieltradition zu Volkskomödie und Volksmusik. Besonders einflußreich war die Entwicklung in Wien, wo die „Teutsche Comedie" des Schauspielers Felix Kurz-Bernadon regelmäßig Singspiele, Märchenstücke und Zauberpossen mit Musik aufführte, wo etwa Joseph Haydn schon 1751 die Musik zu dem Schauspiel „Der neue krumme Teufel" schrieb und wo schließlich im Zuge seiner aufklärerischen Bestrebungen der Kaiser Joseph II. 1778 ein Nationalsingspiel gründete, das das Vorstadtmilieu abstreifte und als kaiserliches Institut „nächst der K.K.Burg" installiert wurde. Der Schauspieler Joseph Lange, Mozarts Schwiegervater, schrieb in seiner Selbstbiographie: „Der Kaiser sah die Bühne als ein Mittel zur Bildung seiner Nation an und darum hieß er sie deutsches Nationaltheater. Deutsche Sprache, deutsche Sitten, deutscher Geschmack, deutsche Kunst sollten sich an ihrer Darstellung erheben"[2] – auch dies ein Zeichen für den Versuch, die mangelnde politische Einheit zumindest auf dem Felde des Geistes und der Kunst auszugleichen.

So wie schon im Wiener Singspiel die Musik stets eine größere Rolle gespielt hatte als in den Stücken von Standfuß oder Hiller, so stellte man bei der Einrichtung des Nationalsingspiels erhöhte Anforderungen an alle Mitwirkenden: an die Sänger, zu denen die aus der Mozart-Biographie bekannten Katharina Cavalieri und Aloysia Lange, der Tenor Adamberger und der Bassist Fischer, der erste Osmin, gehörten, und auch an das 36 Musiker umfassende Orchester unter der Leitung des Hofmusikers Ignaz Umlauf, der mit seinen „Bergknappen" auch das Eröffnungsstück des neuen Hauses beisteuerte. Neben Stücken aus dem norddeutschen Raum spielte man – in Übersetzungen – auch Beispiele der italienischen Buffa von Paisiello, Galuppi und Anfossi, Beispiele der französischen Comique von Monsigny, Grétry, Gossec und Philidor, ja 1781 auch Glucks „Iphigenie auf Tauris".

Besonderen Rang erlangte das Nationalsingspiel aber durch Mozarts „Entführung aus dem Serail" (1782) und durch Dittersdorfs „Doktor und Apotheker" (1786), eines der meistgespielten Bühnenwerke des späten 18. Jahrhunderts. 1788 löste sich – auf Druck der italienischen Hofoper – das Nationalsingspiel auf; weitergespielt wurde jedoch in den Privattheatern in der Leopoldstadt und auf der Wieden, insbesondere unter der Ägide des Impresarios, Theaterleiters, Sängers und Schauspielers Emanuel Schikaneder, der dort Singspiele von Wenzel Müller („Die Schwestern von Prag"), von Paul Wranitzky („Oberon"), von Johann Schenck („Der Dorfbarbier") und schließlich 1791 Mozarts „Zauberflöte" auf die Bühne brachte.

Die neunziger Jahre des Jahrhunderts wurden beeinflußt durch die französische Revolutions- und Schreckensoper, wie sie in Werken von Gossec, Méhul, Paër und Cherubini vorliegt, und Beethovens „Fidelio", jenes etwas seltsam zwischen den Zeiten – zwischen Singspiel und romantischer Oper – stehende Meisterwerk, versuchte sich gerade in der Verschmelzung von Gluck'scher Reformoper und Mozart'schem Singspielton, von revolutionärem Humanitätsideal und handfester Schreckenshandlung.

Die Wende zum 19. Jahrhundert brachte dann auch in der Musik den Einfluß dessen, was man gleichermaßen unpräzise wie umfassend als „Romantik" zu bezeichnen sich angewöhnt hat. „Romantisches" im Sinne von Feen- und Zauberstücken, von Nationalhistorie, von Naturbeschwörung hat es vereinzelt schon vorher gegeben – so etwa in Peter Winters 1798 entstandener Oper nach Shakespeares „Sturm"; aber erst die literarische Romantik eines Jean Paul, Ludwig Tieck und E.T.A. Hoffmann und der mitreißende Rausch der Befreiungskriege von der napoleonischen Herrschaft schufen den Raum für eine romantische deutsche Oper. In seinem ästhetischen Dialog „Dichter und Komponist"

[2] zit. nach: Schiedermair, a.a.O., S.140.

(1813) entwickelt Hoffmann das Idealbild der romantischen Oper: „Der Dichter rüstet sich zum kühnen Fluge in das ferne Reich der Romantik; dort findet er das Wundervolle, das er in das Leben tragen soll, lebendig und in frischen Farben erglänzend, so daß man willig daran glaubt, ja daß man, wie in einem beseligenden Traume, selbst dem dürftigen, alltäglichen Leben entrückt, in den Blumengängen des romantischen Lebens wandelt und nur seine Sprache, das in Musik tönende Wort, versteht . . . Allerdings halte ich die romantische Oper für die einzig wahrhafte, denn nur im Reich der Romantik ist die Musik zu Hause . . . In der Oper soll die Einwirkung höherer Naturen auf uns sichtbarlich geschehen und so vor unseren Augen sich ein romantisches Sein erschließen, in dem auch die Sprache höher potenziert oder vielmehr jenem fernen Reiche entnommen, das heißt, Musik, Gesang ist, ja, wo selbst Handlung und Situation, in mächtigen Tönen und Klängen schwebend, uns gewaltiger ergreift und hinreißt. Auf diese Art soll die Musik unmittelbar und notwendig aus der Dichtung entspringen“[3].

Er selbst lieferte mit der 1816 in Berlin uraufgeführten Oper „Undine“ nach dem Kunst-Märchen des Friedrich de la Motte-Fouqué ein erstes Beispiel dieser neuen romantischen Oper, das sich jedoch – ähnlich wie die „Faust“-Oper von Louis Spohr (1813) – musikalisch noch all zu sehr an der Vergangenheit, insbesondere an Gluck und Mozart orientierte. Erst mit Carl Maria von Weber und seinem 1821 aus der Taufe gehobenen „Freischütz“ entstand ein Werk, das sogleich überall als genuin neue, „deutsche romantische Oper“ anerkannt wurde und alsbald seinen Siegeszug über die deutschen Bühnen antrat, ohne jedoch die italienischen und französischen Opern gänzlich verdrängen zu können. Ja, Weber hat selbst in seinem Fragment gebliebenen Kunstroman „Tonkünstlers Leben“ satirisch-parodistisch die Schwierigkeiten des neuen Genres geschildert. „. . .die große italienische Oper trat auf – eine lange, hagere durchsichtige Figur, charakterloses Gesicht, das als Held, Seladon und Barbar sich immer gleich blieb und nur eine ungemeine Süßlichkeit über sich verbreitet hatte. Sie trug ein dünnes Schleppkleid, dessen Farbe eigentlich keine Farbe zu nennen war und auf dem hin und wieder kleine blitzende Steinchen saßen, die die Augen des Publikums auf sich zogen. Bei ihrem Auftritte ward im Orchester ein Geräusch gemacht, um die Zuhörer zur Stille zu bewegen, und das in Italien Ouverture genannt wird“[4]. Es folgt eine Arie der italienischen Oper, mit viel „Addio . . . Oh Dio . . . Idol mio“, und danach tritt die französische Oper auf: „Eine wohlgeborene Pariserin; geht auf dem Soccus einher und bewegt sich sehr höflich in dem sie etwas unbequem beengenden griechischen Gewande. Das Corps de Ballet umgibt sie beständig; verschiedene Götter lauern im Hintergrunde. Die Handlung spielt zwischen 12 Uhr und Mittag“[5]. Danach soll – in dieser fiktiven Veranstaltung – die deutsche Oper auftreten, und kommt nicht; schließlich muß der Veranstalter vor den Vorhang und erklärt:

„Es geht, ehrlich gesagt, der deutschen Oper sehr übel. Sie leidet an Krämpfen und ist

[3] zit. nach: Schiedermair, a.a.O., S. 201.

[4] Carl Maria von Weber: Tonkünstlers Leben, zit. nach: Carl Maria von Weber: Kunstansichten, herausgegeben von Karl Laux. Leipzig 1975, S. 60.

[5] Weber, a.a.O., S. 62.

durchaus nicht fest auf die Beine zu bringen. Eine Menge Hilfeleistende sind um sie beschäftigt, sie fällt aber aus einer Ohnmacht in die andere. Auch ist sie dabei so von den an sie gemachten Prätensionen aufgedunsen, daß kein Kleid ihr mehr passen will. Vergebens ziehen die Herren Verarbeiter bald der französischen, bald der italienischen einen Rock aus, um sie damit zu schmücken, das paßt alles hinten und vorn nicht. Und je mehr frische Ärmel eingesetzt, Schleppen beschnitten und Vorderteile angenäht werden, je weniger will es halten"[6].

Nun – mit dem „Freischütz", dessen singspielhafte Züge dann die durchkomponierte Oper „Euryanthe" (Wien, 1823) ausglich, konstituierte sich für die erste Hälfte des 19. Jahrhunderts jener Typus der romantischen Oper, wie er auch heute noch das Spielplan-Repertoire ausmacht, gewinnen Stoffwahl und musikalische Durchformung jene Einheit, die klassizistischen Schematismus überwindet und subjektives Fühlen auf die Bühne bringt. „Natur und menschliches Empfinden fließen völlig ineinander, bei dem Zusammenklingen von Seele und Außenwelt erblüht, wie bei Schubert im Liede, jene aus typisch urromantischen deutschen Vorstellungen und Empfindungen geschöpfte musikalische Naturromantik, die Gemüt und Phantasie in Spannung hält, die Verbundenheit von ‚Gefühl und Verstand' auflöst, dem Wild-Phantastischen Einlaß gewährt und bei allen minutiös gezeichneten Vorgängen zum Sinnbild wird, zum Sinnbild des Seelischen wie des Grenzenlosen, dem dieses zugehört"[7].

Webers Schaffen brach aufgrund seines frühen Todes mit dem 1826 in London uraufgeführten „Oberon" ab, und es zeigte sich bald, das man für ihn weder im Hinblick auf die Komposition noch im Hinblick auf die Durchsetzung der Institution ‚deutsche Oper' Ersatz finden konnte; zwar gab es an den Höfen in Kassel und Hannover, konzentriert um die jeweiligen Hofkapellmeister Louis Spohr und Heinrich Marschner, etliche Jahre lang eine kontinuierliche Pflege des neuen Genres, zwar entstanden mit Spohrs „Jessonda" (1823) und „Berggeist" (1825), mit Marschners „Vampyr" (1828) und „Hans Heiling" (1833) noch einige durchaus wertvolle romantische Opernwerke, zwar setzten sich schließlich mit Stücken von Albert Lortzing, Friedrich von Flotow und Otto Nicolai auch etliche heitere Stücke durch, die die Singspieltradition im neuen Stilgewand fortführten, aber Gewicht und Ansehen erhielt die deutsche romantische Oper erst wieder in Person und Werk Richard Wagners, insbesondere in den – nach eher italianisierenden Anfängen – drei romantischen Opern „Der fliegende Holländer" (1843), „Tannhäuser" (1845) und „Lohengrin" (1850). Das Jahr 1850 markiert gleichzeitig – mit dem zwei Jahre zuvor begonnenen gesellschaftlichen Umbruch, mit der Entwicklung neuer opernästhetischer Überlegungen, wie sie sich in Wagners Aufsatz „Das Kunstwerk der Zukunft" zeigten, und mit der Arbeit an der neuen Form des „Musikdramas" – das Ende der deutschen romantischen Oper. Das, was sich nun entwickelte, war kein allgemein verbindliches Genre mehr, sondern eine individuelle Auseinandersetzung mit dem Musiktheater.

[6] Weber, a. a. O., S. 65.
[7] Schiedermair, a. a. O., S. 213.

Die Bayreuther Festspiele

Richard Wagners Festspiel-Idee[1] und die Gründung der Bayreuther Festspiele gehen zurück auf eine Fülle von historischen und damals aktuellen Ideen von Originaltheater, von Musteraufführungen und Fest-Theater; die Kritik an der herkömmlichen, konventionellen Theaterform und ideale Ideen eines unalltäglichen, herausgehobenen, allen künstlerischen Ansprüchen genügenden Theaterunternehmens trafen sich hier, und sie waren nicht frei von Widersprüchen und Paradoxen: Wagner plädierte einmal für ein nationales Festtheater zur Aufführung deutscher Opernwerke, zum anderen für ein privates Festspielhaus nur für die eigenen Werke, einmal für ein kostenloses Volkstheater, das gleichzeitig Volksbildungsfunktion übernehmen sollte, zum anderen für königliche Separataufführungen vor wenigen, geladenen Gästen.
Ausgangspunkt seiner Überlegungen waren Bestrebungen, die sich schon in der ersten Hälfte des 19. Jahrhunderts entwickelt hatten: die erfolgreichen Befreiungskriege schufen ein Klima des nationalen Selbstbewußtseins und ließen auch die Nationaltheater-Idee, die schon Lessing und Schiller vertreten hatten, wieder aufleben; Sängerbünde und Sängerfeste waren der Ort für den neuerwachten künstlerischen Patriotismus, die Jungdeutsche Bewegung unter Heinrich Laube plädierte nachdrücklich für die Errichtung eines Nationaltheaters als Konzentrationspunkt von Schauspielkunst, Literatur und Musik, und der verfassungsgebenden Versammlung der Frankfurter Paulskirche lag auch der Entwurf zur Schaffung einer Nationalbühne vor.
„Insgesamt waren die Nationaltheaterbestrebungen symptomatisch für die Epoche sowohl in politischer wie künstlerischer Hinsicht, da sich drei grundsätzliche Vorstellungen daran knüpften. Die erste: das Theater als Kunst- und Bildungsinstitut dem ganzen Volk zugänglich zu machen und damit die Standesunterschiede und die Privilegien einer bevorrechteten Klasse aufzuheben. Die zweite: das Theater zum Forum einer nationalen Kunst zu erheben, ihm Raum zu geben für eine eigenständige Entwicklung. Die dritte: diesem Theater durch staatlichen Schutz jene Unabhängigkeit zu sichern, deren es zur Erfüllung seiner nationalen Aufgaben bedurfte".[2]
Daneben gab es mehrere Versuche, durch Musteraufführungen das künstlerische Niveau der Opernbühne zu heben: so veranstaltete Karl Immermann in den Jahren 1832–37 in Düsseldorf regelmäßig Musteraufführungen von Opern und Schauspielen, im musikalischen Bereich unterstützt von seinem Generalmusikdirektor Felix Mendelssohn Bar-

[1] Die Darstellung stützt sich in weiten Teilen auf die drei folgenden neueren Publikationen zur Werk- und Festspielgeschichte: Lore Lucas: Die Festspiel-Idee Richard Wagners. Regensburg 1973; Michael Karbaum: Studien zur Geschichte der Bayreuther Festspiele (1876–1976). Regensburg 1976; Hartmut Zelinsky: Richard Wagner – ein deutsches Thema. Frankfurt 1976.

[2] Lucas, a.a.O., S. 17.

tholdy; so bemühte sich der Münchner Intendant Franz Dingelstedt 1854 in sogenannten „Gesamtgastspielen" mit den führenden deutschen Schauspielern um die Präsentation besonders hochwertiger Aufführungen. Dabei erinnerte man sich – und diese Gesichtspunkte spielen auch in Wagners Überlegungen eine große Rolle – ebenso an das griechische Theater, das Volksfest, Kultus und politische Veranstaltung zugleich war, aber auch an die christlich-religiös intendierten Mysterienspiele und Passionsspiele des Mittelalters, und schließlich an die Theaterfeste des Barock, in denen Repräsentation, Prachtentfaltung und künstlerisch-ästhetische Zielsetzungen für jeweils einzelne, zeitlich beschränkte, unwiederholbare Anlässe entfaltet wurden. In Wagners Denken und in seinen Schriften läßt sich der Festspiel-Gedanke seit den vierziger Jahren, seit der Dresdner Kapellmeisterzeit finden: war es zuerst nur der Versuch einer pragmatischen Reform des Alltagstheaters durch Reduzierung der Spieltage und damit Hebung des künstlerischen Niveaus, durch staatliche Subventionierung und dadurch Unabhängigkeit von kommerziellen Spekulationen[3], so brachte das durch die Beteiligung am Dresdner Aufstand notwendig gewordene Exil den Bruch mit dem Alltagstheater, so wuchs zugleich mit der „Ring"-Konzeption Wagners Überzeugung, daß sich dieses Projekt auf einem konventionellen Theater nicht realisieren ließ, wuchs zugleich mit der Idee des Gesamtkunstwerks das Festspielkonzept, das in den Briefen aus den fünfziger Jahren von einem provisorischen Bau „aus Brettern und Balken", nicht in einer der großen Städte, sondern in „einer schönen Einöde, fern vom Qualm und Industrie-Pestgeruch unserer städtischen Civilisation"[4] ausging. Revidiert wurde dieses Konzept, als Wagner im Zusammenhang mit der „Tannhäuser"-Aufführung in Paris daran dachte, hier eine Reihe von Musteraufführungen seines Werkes durchzuführen; der Aufführungsskandal ließ dann solche Pläne schnell wieder verschwinden. In dieselbe Zeit fällt jedoch ein wachsender Absolutheitsanspruch: waren die Festspiele zu Beginn, durchaus im Einklang mit dem Nationaltheatergedanken, für die großen Werke deutscher Meister gedacht, will sich Wagner nun mehr und mehr auf musterhafte Aufführungen der eigenen Stücke, schließlich nur des „Ring des Nibelungen" konzentrieren. Seit sich der bayerische König Ludwig II. um Wagner bemühte, dachte dieser an eine Realisierung seines Festspielkonzepts in München, fand den Beifall des Königs, ja der Architekt Gottfried Semper wurde mit der Ausarbeitung von Bauplänen beauftragt – in diesen Plänen, die in enger Zusammenarbeit mit Wagner entstanden, tauchten erstmals zwei grundlegende architektonische Elemente auf, die später dann in Bayreuth realisiert wurden: der amphitheatralische, dem griechischen Theater nachgebildete Zuschauerraum, und das unsichtbare, versenkte Orchester.

Die Entfremdung zwischen Wagner und dem König, verursacht durch Intrigen, gefördert durch die von Wagner abgelehnte Aufführung von „Rheingold" und „Walküre" in München, führten zum Bayreuth-Plan: zuerst mit dem Versuch, die Festspiele in dem großen, 1748 eröffneten Markgräflichen Opernhaus zu veranstalten, schließlich mit dem

[3] vgl. dazu die folgenden Aufsätze Wagners: „Entwurf eines deutschen Nationaltheaters für das Königreich Sachsen" (1849), „Kunst und Revolution" (1851) und „Ein Theater in Zürich" (1853).

[4] Brief Wagners an Franz Liszt vom 30.8.1852.

Plan, in Bayreuth ein eigenes Festspielhaus zu erbauen – zu sehen vor dem politischen Hintergrund der neuen Reichsgründung und dem damit verbundenen nationalen Hochgefühl.

Auch, was die Organisation und Finanzierung des Projekts angeht, wandelte sich – durchaus pragmatisch – Wagners Konzept: dachte er zuerst an eine staatliche Subventionierung, die jedem Interessierten den unentgeltlichen Zugang eröffnen sollte, war schließlich von einer Finanzierung durch Ludwig II. die Rede, so entwickelte sich die Organisation schließlich in Form eines Privatunternehmens, getragen von den allerorts gegründeten Richard-Wagner-Vereinen, finanziert durch Patronatsscheine, durch – wie Wagner schrieb – eine „Vereinigung kunstliebender vermögender Männer und Frauen". Als jedoch auch damit die Finanzierung nicht gesichert war, scheute sich Wagner nicht, in einer Petition die Festspiele dem deutschen Kaiser als politische Siegesfeier anzudienen – dies kennzeichnet präziser als vieles andere die exponierte politische Stellung, in der sich die Festspiele schon damals befanden. Und auch, was Wagners Konzeption eines kunstsinnigen Publikums, von Freunden seiner Kunst angeht, sah er sich aus finanziellen Gründen zur pragmatischen Verwässerung dieser Idee gezwungen, zum Verkauf von Eintrittskarten und damit zum Verzicht auf Einflußnahme auf die Zusammensetzung der Zuhörer, die sich bei der Eröffnung des Festspielhauses am 13. August 1876 kaum von jener anderer festlicher Opernaufführungen unterschied. Einzig das künstlerische Konzept hat sich weitgehend unverändert erhalten: die Heranbildung sorgfältig geschulter Schauspieler-Sänger, die Ausdauer und Präzision der Probenarbeit und die Beschränkung auf wenige Werke, die aber in der höchstmöglichen Perfektion, als Musterbeispiele eines genuinen Wagner-Stils auf alle anderen Bühnen wirken sollten. Hinzu kam dann noch, was – am Rande – alle Festspielideen begleitet hatte: die Erhebung des Festspielhauses zum Kunst-Tempel, die Schaffung des „Bühnenweihfestspiels Parsifal", das nach Wagners Willen auf Aufführungen in Bayreuth beschränkt werden sollte.

Dieser erste Abschnitt, der zu überschreiben wäre mit dem Titel „Von der Idee zur Realisation", läßt sich beschreiben als die pragmatische, bisweilen auch kompromißhaft-opportunistische Anpassung einer im Kern radikalen Konzeption an eine sich verändernde, aber bis zuletzt in bürgerlicher Arbeitsteiligkeit beharrende Theaterwelt, nicht frei von ideologischer Verfestigung schon jetzt; was jedoch – nach Wagners Tod im Jahre 1883 – in dem zweiten Abschnitt der heute bereits mehr als hundertjährigen Festspiel-Geschichte sich ereignete, kann nicht einmal mehr als teilweise Realisierung des Intendierten verstanden werden. „Wagners Pragmatismus sollte schon bald in einem falschen Traditionsverständnis und in den sklavischen Interpretationen seiner künstlerisch und geistig abhängigen Nachfolger erstarren. Seine Erben bremsten als Festspielleiter prinzipiell noch offene Entwicklungsmöglichkeiten und fesselten damit jede künftige Chance in eine sakrosankte Verbindlichkeit, aus der das Werk Wagners erst viel zu spät entlassen worden ist"[5].

[5] Karbaum, a.a.O., S. 15.

Die ersten Festspiele im Sommer 1876 waren in künstlerischer und finanzieller Hinsicht ein Mißerfolg; nicht nur, daß die erste geschlossene Aufführung des „Ring des Nibelungen" in darstellerischer und musikalischer Hinsicht viele Wünsche offen ließ; es blieb auch ein Defizit von 150000 Mark, das erst nach langwierigen Verhandlungen vom bayerischen König Ludwig in Form einer Bürgschaft übernommen und gegen die Komponisten-Tantiemen aus den Wagner-Aufführungen des Hoftheaters aufgerechnet wurde. Hinzu kam – was die Festspiele in den ersten Jahrzehnten ihrer Geschichte sicherte – die Übernahme des Protektorats durch den bayerischen König: dies bedeutete konkrete materielle Unterstützung, nicht zuletzt durch die vertragliche Zusicherung, Chor und Orchester des Münchner Hoftheaters jährlich für jeweils acht Wochen für Bayreuth freizustellen. An eine Wiederholung war gleichwohl so schnell nicht zu denken, dazu fehlten die finanziellen Mittel. Erst 1882 – mit insgesamt 16 Aufführungen des „Parsifal", der dort uraufgeführt wurde – fanden die zweiten Festspiele statt, diesmal mit durchaus achtbarem finanziellen Erfolg. Vorausgegangen war dem 1878 die Gründung der „Bayreuther Blätter", die bis 1938 von dem Wagner-Adlatus Hans von Wolzogen herausgegeben wurden, ein Publikationsforum für Wagner und die Wagnerianer, zugleich Kommunikationsorgan zum Patronatsverein und zu den überall gegründeten Richard-Wagner-Vereinen, die zu Beginn die Finanzierung der Festspiele, auch den Bau des Festspielhauses mit etwa $^3/_5$ der insgesamt aufzuwendenden Mittel ermöglicht hatten, jedoch nach den zweiten Festspielen noch von Wagner selbst massiv beiseite gedrängt wurden und nur noch um die Errichtung der 1882 gegründeten „Stipendienstiftung" sich kümmern sollten – dem letzten Überbleibsel von Wagners ursprünglichem Plan, die Festspiele für jedermann frei und kostenlos zugänglich zu machen.
Die Festspiele des Jahres 1883, erneut mit „Parsifal", hatte Wagner noch selbst weitgehend geplant, als er am 13. Februar in Venedig starb; und obwohl kein Testament vorlag, was das Festspielhaus und die Fortführung der Festspiele anging, gelang es Cosima Wagner und dem Verwaltungsratsvorsitzenden Alfred von Groß, der bis ins 20. Jahrhundert hinein die organisatorische und finanzielle Leitung der Festspiele hatte, sehr schnell, die Erbfolge auf Cosima und den Sohn Siegfried einzuengen und die vier Wagner-Töchter Blandine, Daniela, Isolde und Eva auf das gesetzliche Pflichtteil zu beschränken; seit 1884 war Cosima Festspielleiterin, und in ihrer Regie wurden nach und nach die früheren Wagner-Werke ins Festspielprogramm aufgenommen: Tristan 1886, Die Meistersinger 1888, Tannhäuser und Lohengrin 1894, Der Ring des Nibelungen 1896 – jeweils mit dem Dirigenten Felix Mottl, während Hermann Levi – obwohl als Jude zunehmend angefeindet – bis 1901 die Leitung des „Parsifal" behielt. In dieser Zeit gelang es, die Festspiele wirtschaftlich zu konsolidieren und die Bühnenwerke „des Meisters" dem Publikum in Musteraufführungen zu präsentieren; doch darüber hinaus setzte mit der Direktion von Cosima jener Verfestigungsprozeß ein, der die Festspiele schließlich – wie es Thomas Mann sagte – zu Hitlers „Hoftheater" machte. Mit Cosimas Namen „verband sich Bayreuth zum Inbegriff einer beispiellosen Kunstherrschaft, die sich anmaßend über alle Veränderungen im gesellschaftlichen und kulturellen Prozeß hinwegsetzte und ihre monopolistischen Ziele hinter die völkisch-konservative Kulturfront des

wilhelminischen Deutschland stellte. Unter Cosima Wagner und ihres Sohnes späterer Leitung erstarrten die Bayreuther Bühnenfestspiele, kaum waren sie aus dem fruchtbaren Stadium der Erprobung entlassen, zum störungsfrei arbeitenden Distributionsapparat eines eigenwillig beschränkten Angebots künstlerischer Serienware. Parallel dazu vereitelte die Witwe des Meisters jede über Richard Wagner hinausführende Programmdiskussion schon im Ansatz und zwang die Festspiele in diesem Geiste unter das konsequenterweise zur inneren Stagnation führende ökonomische Gesetz der einfachen Reproduktion"[6].

Dies wurde besonders deutlich auch in jenen über Bayreuth hinausreichenden Interventionen in allem, was nicht dem vermeintlichen „Willen des Meisters" entsprach: im Kampf gegen die neuen bühnenbildnerischen Konzepte des Adolphe Appia ebenso wie in dem zweimaligen Versuch, zumindest für den „Parsifal" eine urheberrechtliche Ausnahmeregelung zu erreichen, die über die dreißigjährige, 1913 ablaufende Schutzfrist hinaus die alleinigen Aufführungsrechte für Bayreuth sichern sollte, nachdem zuvor schon New Yorks Metropolitan Opera und ein Opernunternehmen in Amsterdam mit „Parsifal"-Aufführungen den „Willen des Meisters" unterlaufen hatten.

Neben Cosima Wagner, die 1906 die Festspielleitung an ihren Sohn Siegfried abgab, der zuvor als „Holländer"-Regisseur (1901) und als Dirigent in die Leitung des Familienunternehmens eingestiegen war, repräsentierte der sogenannte „Bayreuther Kreis"[7], zu dem Männer wie Hans von Wolzogen, der Wagner-Schwiegersohn Houston Stuart Chamberlain und der Kapellmeister Julius Kniese gehörten, Tendenz und Ideologie von Wahnfried. „Kulturkampf und Regeneration waren wichtige Formeln des älteren Bayreuther Kreises, der sich selbst als uneigennützige, völkisch-national ausgerichtete Minderheit verstand, und das Festspielhaus auf Bayreuths grünem Hügel als erhabenes Bollwerk gegen eine vom kulturellen und rassischen Verfall bedrohte Nation betrachtete"[8], und ein radikaler Antisemitismus gehörte zu den herausragenden Eigenschaften dieser Wagner-Propagatoren, die sich hierbei auf etliche Schriften des Komponisten[9] stützen konnten. Überdeutlich formulierte dies der Schriftsteller Artur Seidl, als er Bayreuth als „das zu wahrende Palladium eines einzigartigen Idealstyles ... und Hort deutsch-idealistischer Kultur wider Amerikanismus oder Merkantilismus der Kunst in jeder Form"[10] bezeichnete. Anders als Cosima, die sich zudem auf den zuverlässigen Alfred von Groß stützen konnte, hatte der neue Festspielleiter Siegfried Wagner weder genügend Verhandlungsgeschick noch Interesse für den organisatorischen Teil der Festspiele, und der Ablauf der Urheber-Schutzfrist im Jahre 1913 und die qualitativ hochrangige Konkurrenz an den Opernhäu-

[6] Karbaum, a.a.O., S.34.

[7] vgl. dazu neben Karbaum auch: Winfried Schüler: Der Bayreuther Kreis von seiner Entstehung bis zum Ausgang der wilhelminischen Ära. Wagnerkult und Kulturreform im Geiste völkischer Weltanschauung. Münster 1971.

[8] Karbaum, a.a.O., S.20.

[9] etwa die mehrfach aufgelegte und überarbeitete Schrift „Das Judentum in der Musik" und der Aufsatz „Was ist deutsch?".

[10] zit. nach: Karbaum, a.a.O., S.54.

sern in Wien, München und Berlin stürzten Bayreuth in eine finanzielle und insbesondere künstlerische Krise, die zudem verschärft wurde durch den sensationellen Rechtsstreit der Wagner-Tochter Isolde um die Beteiligung an der Festspielleitung im Jahre 1914, die das Haus Wahnfried eine Zeitlang mit dem Gedanken spielen ließ, „Wagners Erbe dem deutschen Volke als ewige Stiftung zu vermachen"[11].
Der ausbrechende Erste Weltkrieg verhinderte die vollständige Durchführung der Festspiele 1914, die nach acht Vorstellungen beendet werden mußten, und die Jahre wirtschaftlicher Not nach dem Kriege verhinderten eine Wiederaufnahme bis zum Jahre 1924. In das zweite Kriegsjahr 1915 fiel die Verheiratung des damals sechsundvierzigjährigen „Meistersohnes" Siegfried Wagner mit der einundzwanzigjährigen Winifred Williams, einer Adoptivtochter des Berliner Klavierprofessors und Bayreuth-Freundes Karl Klindworth.
Seit 1921 bemühte man sich um die Wiederaufnahme der Festspiele, gründete eine durch einen Verein getragene Festspielstiftung und appellierte vor allem an völkisch-nationale Gruppen, zur Finanzierung beizutragen; Vereine wie der Alldeutsche Verband, die Gobineau-Gesellschaft, der Werdandi-Bund waren in Wahnfried gern gesehen, da man hier – in der gemeinsamen kulturellen und politischen Rechtsopposition zur Weimarer Republik – Anknüpfungspunkte fand. Auf diesem Wege stellte sich auch seit 1923 die enge Beziehung Hitlers zu Wahnfried her, insbesondere zu Houston Stuart Chamberlain und zu Siegfried Wagner, der in einem Brief nach dem mißglückten Münchner Putschversuch vom November 1923 schrieb: „. . .Wir lernten den herrlichen Mann (Hitler) im Sommer hier bei dem Deutschen Tag kennen und halten treu zu ihm, wenn wir auch dabei ins Zuchthaus kommen sollten. Gesinnungslumpen waren wir ja in Bayreuth nie. Die Zustände in Bayern sind ja unerhört. Die Zeiten der spanischen Inquisition sind zurückgekehrt. Meineid und Verrat wird heilig gesprochen, und Jude und Jesuite gehen Arm in Arm, um das Deutschtum auszurotten! – Aber vielleicht verrechnet sich der Satan diesmal"[12].
Auch die Wiedereröffnung der Festspiele im Sommer 1924 stand deutlich schon unter dem Zeichen der Hitler-Nachfolge, dem man in den „Bayreuther Blättern" und im offiziellen Festspielführer ausführlich Platz einräumte. Das Programm begann mit dem „Ring", den „Meistersingern" und „Parsifal", jeweils in Wiederbelebung der Vorkriegs-Inszenierungen; neue Künstler beherrschten jetzt die Szene auf dem Festspielhügel: Dirigenten wie Karl Muck, Karl Elmendorff und Franz von Hoeßlin, Sänger wie Lauritz Melchior, Frieda Leider, Emmy Krüger und Nanny Larsen-Todsen.
Die Eingliederung in die faschistische Bewegung vollzog sich in den nächsten Jahren immer deutlicher: 1924 fand während der Festspiele ein illegales Treffen der NSDAP statt, 1925 besuchte Adolf Hitler die Festspiele, wurde der „Bayreuther Bund der Deutschen Jugend" gegründet, der später nahtlos in den faschistischen Jugendorganisationen aufging, 1926 fanden – von Bayreuth aus organisiert – in Weimar sogenannte

[11] Karbaum, a.a.O., S.58, vgl. dazu den Dokumentenanhang daselbst S.53–58.
[12] zit. nach: Karbaum, a.a.O., Dokumentenanhang, S.65.

„Deutsche Festspiele" statt, in deren Mittelpunkt die Aufführung der Opern Siegfried Wagners standen. 1928 traten die Familie Wagner und die Mitglieder des Bayreuther Kreises fast geschlossen dem „Kampfbund für deutsche Kultur" des NS-Ideologen Alfred Rosenberg bei. „Schrittweise waren die Beziehungen des Bayreuther Kulturkreises zur faschistischen Bewegung aus dem Stadium individuellen Engagements in das der institutionellen Verflechtung hinübergewechselt"[13].

Nach und nach erneuerte Siegfried Wagner die alten Inszenierungen, brachte 1927 einen neuen „Tristan", 1930 einen viel gerühmten „Tannhäuser" unter der musikalischen Leitung von Arturo Toscanini heraus. Die Premiere konnt er nicht mehr miterleben – er starb im Sommer 1930, sechzigjährig, wenige Monate nach seiner Mutter Cosima. Testamentarisch wurde Winifred Wagner zur Erbin und Festspielleiterin bestimmt. Sie beschränkte sich in ihrer Tätigkeit weitgehend auf den organisatorischen Teil, behielt aber auch in künstlerischen Belangen die letzte Entscheidungsmöglichkeit: ein Faktum, das etwa Toscanini zum Rückzug aus der Mitwirkung in Bayreuth bewegte, noch bevor er öffentlich gegen die Rassenpolitik des neuen Regimes Stellung nahm. Die künstlerische Verantwortung lag jetzt in den Händen des Generalintendanten der Preußischen Staatstheater Heinz Tietjen, des Bühnenbildners Emil Preetorius und des Dirigenten Wilhelm Furtwängler, der jedoch seine Mitarbeit schon 1931 – nach Auseinandersetzungen mit Wahnfried – einstellte. Insbesondere der geschickte Organisator und Regisseur Tietjen prägte die künstlerische Entwicklung der Festspiele bis 1944, zumal er die Berliner Oper und Bayreuth quasi als Funktionseinheit ansah – ähnlich, wie dies zwischen 1883 und 1914 zwischen München und Bayreuth der Fall gewesen war.

Tietjen und Preetorius prägten auch den Inszenierungsstil der Festspiele, der jetzt den sonst üblichen Naturalismus verließ und auf symbolische Bildwirkungen abstellte. Die eindeutige Stellungnahme für das Regime Hitlers brachte Bayreuth in den ersten Jahren des Dritten Reiches finanzielle Rückschläge – insbesondere die Besucher aus dem Ausland blieben aus. Die Finanzlücke der Festspiele 1933 bis 1936 deckten Hitler, der jede Neuinszenierung aus seiner Privatschatulle bezuschußte, und die Partei durch den blockweisen Kauf von Eintrittskarten, die dann an verdiente Parteigenossen verteilt wurden. Seit 1933 besuchte Hitler – nachdem er in den Jahren zuvor nur inoffiziell in Wahnfried Besuche gemacht hatte – offiziell die Festspiele, und die Neuinszenierung der „Meistersinger", die Toscanini dirigieren sollte, für den dann Richard Strauss einsprang[14], machte dieses Werk zur nationalen Festoper des Dritten Reiches. Für 1934 war

[13] Karbaum, a.a.O., S.75.

[14] Richard Strauss in einem Brief vom 17.6.1935 an Stefan Zweig: „Ihr Brief vom 15ten bringt mich zur Verzweiflung. Dieser jüdische Eigensinn! Da soll man nicht Antisemit werden? Dieser Rassestolz, dieses Solidaritätsgefühl – da fühle sogar ich einen Unterschied! Glauben Sie, daß ich jemals aus dem Gedanken, daß ich Germane . . . bin, bei irgendeiner Handlung mich habe leiten lassen . . .
Wer hat Ihnen denn gesagt, daß ich politisch so weit vorgetreten bin? Weil ich für den Lauselumpen . . . Bruno Walter ein Concert dirigiert habe? das habe ich dem Orchester zu Liebe – weil ich für (den) anderen ‚Nichtarier' Toscanini eingesprungen bin – das habe ich Bayreuth zu Liebe getan. Das hat mit Politik nichts zu tun . . ." (zit. nach Karbaum, a.a.O., Dokumententeil, S.88f.)

eine Neuinszenierung des „Parsifal" geplant, was wütenden Protest der Alt-Wagnerianer hervorrief, die sich für eine Restaurierung des 1882er „Parsifal" einsetzten und dafür selbst Hitler als Fürsprecher zu gewinnen suchten, sich aber nicht durchsetzen konnten. 1936 folgte ein neuer „Lohengrin", mit Furtwängler am Pult, 1938 „Tristan", 1939 der „Holländer" mit Victor de Sabata, der aber dann auch auf weitere Mitwirkung verzichtete.

„1938 feierte Bayreuth den 125. Geburtstag Richard Wagners. Hitlers Beitrag zum 22. Mai dieses Jahres war ein Führer-Erlaß, kraft dessen auf Anregung Winifred Wagners und der Stadt Bayreuth eine Deutsche Richard-Wagner-Forschungsstätte ins Leben gerufen wurde. In diesem Institut sollten die wertvollen Bestände des Wagner-Familienarchivs erstmals überhaupt der Forschung zugänglich gemacht werden. Bayreuth wurde mit dieser Gründung die Möglichkeit geboten, in der wissenschaftlichen Wagner-Deutung durch die systematische Aufarbeitung bisher unzugänglicher Quellen ganz neue Akzente zu setzen"[15]. Der Versuch Winifreds, diesem Institut eine Monopolstellung in Sachen Wagner-Forschung dadurch zu sichern, daß ein Druckverbot für alle Wagner-Veröffentlichungen außerhalb des Instituts ausgesprochen wurde, scheiterte.

Der Ausbruch des Zweiten Weltkrieges hätte eigentlich zur Einstellung des Festspielbetriebes führen müssen, doch Hitler ordnete die Abhaltung von Kriegsfestspielen an, deren Durchführung die NS-Massenwohlfahrtsorganisation „Kraft durch Freude" übernahm. Künstler und Techniker wurden kriegsverpflichtet – unter ihnen auch Furtwängler, der 1943 dirigierte –, auf dem Programm standen bis 1944 der „Ring", der „Holländer" und – in einer Neuinszenierung von Heinz Tietjen mit den Bühnenbildern von Wieland Wagner – seit 1943 die „Meistersinger"; Besucher waren – zu freiem Eintritt – verwundete Frontsoldaten, Rüstungsarbeiter, Invaliden, Rotkreuzhelferinnen, Mütter – also jene, denen das Theater der Reichen und der Bildungsbürger bislang versperrt gewesen war: fast ein Treppenwitz der Weltgeschichte, daß ausgerechnet Hitler und die Kriegssituation ein Festspielpublikum herstellten, das Wagner in seinen ersten Entwürfen von 1849 und 1851 vorgeschwebt hatte. Kriegsende und Zusammenbruch des Dritten Reiches beendeten auch den Festspielbetrieb: in einer umfassenden Verzichtserklärung trat Winifred Wagner, politisch und moralisch schwer belastet, die Festspielleitung an ihre Söhne Wieland und Wolfgang ab, die – nachdem politische Widerstände insbesondere des neuen Freistaates Bayern und der deutschen Rundfunkanstalten durch Verhandlungen ausgeräumt werden konnten – mit finanzieller Hilfe der 1950 gegründeten „Gesellschaft der Freunde Bayreuths" 1951 die ersten Nachkriegsfestspiele „Neubayreuths" veranstalten konnten. Eröffnet wurden sie am 29. Juni mit Beethovens IX. Sinfonie unter Wilhelm Furtwängler (1872 bei der Grundsteinlegung hatte Wagner dieses Werk im Markgräflichen Opernhaus dirigiert, 1933 war es unter der Stabführung von Richard Strauss im Festspielhaus gespielt worden), auf dem Programm standen der „Ring", „Parsifal" und die „Meistersinger". Seit 1951 fanden die Festspiele, seit 1952 auch von der Bundesregierung in Bonn bezuschußt, regelmäßig jedes Jahr statt.

[15] Karbaum, a. a. O., S. 90.

Bis zu seinem Tode im Jahre 1966 prägte Wieland Wagner mit seinen Inszenierungen und Bühnenbildern den ,,Neubayreuther Stil'', während Wolfgang Wagner die organisatorische Leitung innehatte; seitdem ist Wolfgang Wagner Festspielleiter, seit 1973 als Unternehmer innerhalb einer öffentlich-rechtlichen ,,Richard-Wagner-Stiftung Bayreuth''. Obwohl er auch selbst inszenierte, hat er zunehmend andere Regisseure zu Inszenierungen herangezogen. Nachdem seit 1951 – neben den Dirigenten Herbert von Karajan und Hans Knappertsbusch – insbesondere der Münchner Intendant Rudolf Hartmann mitgearbeitet hatte, wurden die Neuinszenierungen von Gastregisseuren seit 1969 zur Regel: zuerst mit August Everdings ,,Holländer'' von 1969, dann mit dem ,,Tannhäuser'' von Götz Friedrich, dem ,,Ring des Nibelungen'' von Patrice Chereau, schließlich mit dem ,,Holländer'' von Harry Kupfer; und auch jüngere Dirigenten prägten die Festspiele: neben Karl Böhm und Horst Stein vor allem Wolfgang Sawallisch, Pierre Boulez und Colin Davis, aber auch Hans Zender und Dennis Russell Davies.
In den hundert Jahren der Festspielgeschichte bis 1976 wurde in sechsundsechzig Jahren gespielt; in insgesamt 1453 Aufführungen wurde das Werk Richard Wagners auf dem Grünen Hügel von Bayreuth einem Publikum aus aller Welt dargeboten.

Das Experiment Krolloper

„Die Krolloper, wie ihr populärer, aus einer Tradition stammender Name lautete – ihre offizielle Bezeichnung war ‚Staatsoper am Platz der Republik' – existierte nur kurze vier Jahre, vom Herbst 1927 bis genau zum 3. Juli 1931, dem Tag, an dem sie, umgeben von vielen Freunden und mächtigeren Feinden, aus politischen, wirtschaftlichen und verwaltungstechnischen Gründen geschlossen wurde. Ihre Zeit fiel in eine Periode größter geistiger, politischer, sich vielfach überschneidender Spannungen, in den Widerschein schroffster, auch persönlich gefärbter Gegensätze und in die Jahre der gefährlich anwachsenden Arbeitslosigkeit, die dem 1933 hereinbrechenden Nazi-Regime den Weg bereitete"[1].

Die Kroll-Oper, im 19. Jahrhundert ein Unterhaltungs-Etablissement, später dann eine Dependance der Staatsoper Unter den Linden, wurde in diesen vier Jahren ein Zentralpunkt für bühnenreformatorische, fast revolutionäre Aufführungen und für die Realisierung eines Arbeitsstils, wie er bis heute für eine sinnvolle, künstlerisch verantwortliche Opernarbeit vorbildhaft bleiben sollte; sie scheiterte daran, daß es zum einen nicht gelang, ein breites Publikum zu interessieren, zum anderen jedoch daran, daß die zunehmende wirtschaftliche Notlage und der damit verbundene politische Rechtsruck am Ende der zwanziger Jahre die Kunstpolitik in einem Maße aufs konventionell-bürgerliche Theater zurückdrehte, daß die Arbeit der Krolloper nun auch von den sie tragenden Parteien des Preußischen Landtages nicht mehr gestützt und als wohlfeiles Opfer auf dem Altar des kulturpolitischen Opportunismus preisgegeben wurde.

Initiator des Unternehmens war der Musikreferent im Preußischen Kultusministerium Leo Kestenberg, der – als Gegensatz zu der großbürgerlichen Prunkoper Unter den Linden – auch für die zahlreichen Mitglieder der Freien Volksbühne, die bis dahin nur in den Genuß von Schauspiel-Aufführungen kamen, ein eigenes Opernhaus begründen wollte, das zudem die künstlerisch vorwärtsweisenden Elemente der zwanziger Jahre auch auf der Opernbühne realisieren wollte. Dazu holte er den damals schon berühmten Dirigenten Otto Klemperer, der mit seiner fast fanatischen Genauigkeit, künstlerischen Qualitäts-Sucht und Werktreue alle Produktionen der Krolloper beeinflußte. Klemperer, bis 1926 Generalmusikdirektor in Wiesbaden, zuvor in Köln, entwickelte sein Krollopern-Konzept aus seiner Kritik am damals – und auch heute noch – üblichen Repertoiretheater. „Ich haßte die landläufigen Repertoirevorstellungen der Opernhäuser. Ich fand sie unprobiert, zum Teil zu luxuriös und dachte mir, darin Wandel zu schaffen, mit anderen Worten: ich dachte mir, es wäre schön, ein Theater zu haben, das kein Repertoiretheater war, sondern

[1] Grundlage dieses Kapitels ist die von dem ehemaligen Krolloper-Dramaturgen Hans Curjel zusammengestellte und eingeleitete Publikation: Experiment Krolloper 1927–1931. München 1975, zit. hier S. 9.

ein Theater für alle Tage, in dem nicht nur zwei oder drei mal im Jahr eine gute Vorstellung war, sondern an jedem Tag eine Vorstellung, die ihren Standard hielt und sich sehen ließ. Dazu gehörte ein wesentlich kleineres Repertoire und wesentlich längere Probenzeit"[2].

Klemperer machte sein Berliner Engagement abhängig von der Mitarbeit zweier für die Krolloper wichtiger Personen: des Kunstprofessors Ewald Dülberg, der als szenischer Leiter, und des Kunsthistorikers und Musikwissenschaftlers Dr. Hans Curjel, der als Dramaturg und später als Operndirektor an der Kroll-Oper arbeitete; er engagierte mit Alexander von Zemlinsky, dem Schwager Schönbergs, und Fritz Zweig zwei erfahrene Kapellmeister, und er holte ein junges Sänger-Ensemble zusammen, in dem weder Star-Allüren noch Konkurrenzdenken Platz hatten. Was aber noch wichtiger war: man suchte den lebendigen Kontakt „mit dem allgemeinen zeitgenössischen künstlerischen und geistigen Leben. Von hier aus dachte man, die Oper aus der Isolierung herauszuführen und geistige Schichten für die Oper zu gewinnen, die sich nur zu oft über die Oper lustig machten. Was die Pflege zeitgenössischer Musik betrifft, so begnügte man sich nicht mit der routinemäßigen Aufführung der einen oder anderen Novität, sondern suchte den Kontakt mit den Komponisten selber"[3].

Eröffnet wurde die Krolloper am 19. November 1927 mit Beethovens „Fidelio", musikalisch geleitet und inszeniert von Otto Klemperer, ausgestattet von Ewald Dülberg – eine Produktion, die in ihrer Klarheit, Genauigkeit und pathosfreien Direktheit und Werktreue sehr schnell Befürworter und Gegner hervorrief – all jene, die die plüschige Vertrautheit des konventionellen Opernbetriebes liebten, wandten sich gegen diese geistig herausfordernde Inszenierung, all jene, die dem Neuen in der Kunst gegenüber aufgeschlossen waren, begrüßten sie; abzusehen war aber schon jetzt, daß die eigentlichen Abnehmer der Krolloper, die Mitglieder der Freien Volksbühne, die Vielzahl von Arbeitern und kleinen Angestellten, denen diese Organisation den preiswerten Zutritt zu Opern ermöglichte, auf diese Art der Darstellung nicht vorbereitet waren und deshalb in einer zunehmend existenzgefährdenden Weise dem Hause fernblieben.

Während das Spielplan-Repertoire – abgesehen davon, daß man auf qualitativ umstrittene Reißer wie „Tiefland" oder „Bajazzo" verzichtete und der Moderne einen etwas größeren Rahmen einräumte – relativ traditionell war: Werke wie „Fidelio", „Don Giovanni", „Zauberflöte", „Figaro", „Freischütz", „Rigoletto", „Carmen", „Holländer" und „Verkaufte Braut" bildeten auch hier den Grundstock – hob sich die Art der Darstellung deutlich vom Traditionellen ab. Dies zeigte sich schon daran, daß man vermehrt Schauspielregisseure heranzog: Jürgen Fehling und Gustav Gründgens inszenierten an der Krolloper – und daß man im Ausstattungsbereich die Vertreter moderner Malerei als Bühnenbildner heranzog: Laszlo Moholy-Nagy, Oskar Schlemmer und Giorgio de Chirico arbeiteten hier, Bühnenbildner wie Teo Otto, Caspar Neher und Piscator-Mitarbeiter Traugott Müller waren für die Ausstattung verantwortlich. Zusammen mit

[2] zit. nach: Curjel, a.a.O., S. 23.
[3] Curjel, a.a.O., S. 29.

dem jungen Sängerensemble, aus dem Künstler wie Käte Heidersbach, Moje Forbach, Jarmila Novotna, Irene Eisinger, Charles Kullmann, Mathieu Ahlersmeyer und Willi Domgraf-Faßbaender später weithin bekannt wurden, bemühte man sich um die Entwicklung eines musikalischen Darstellungsstiles, der gleichweit von den traditionellen Operngesten wie von der expressionistisch-dynamischen Darstellungsform entfernt war. „In der Krolloper versuchte man einen anderen Weg zu beschreiten. Nicht die zu rasch ins Ekstatische verfallende körperliche Ausdeutung klanglicher und rhythmischer Vorgänge der Musik, sondern das Entstehen des musikalischen Grundgestus war das Ziel. Das heißt Grundhaltungen, die nach der Richtung der Bewegung oder nach der Richtung der Stille, der Versunkenheit variiert wurden. Einfache Stellungen, einfacher Stellungswechsel, ein Minimum von gestischer Sprache, aber in ihm ein Maximum von innerem Beteiligtsein und damit eine völlig unschematische musikalisch-körperliche Erfülltheit. Als Ziel stand eine natürliche Einheit, eine Durchdringung von Musik und Gestus vor Augen"[4].
Ausgespart blieben – bis auf die „Fledermaus" und bis auf „Perichole" von Offenbach in der Übersetzung und Mitarbeit von Karl Kraus – Operetten, Wert gelegt wurde dafür auf eine breite Präsentation der zeitgenössischen Oper: in den knapp vier Jahren ihres Bestehens spielte die Krolloper zahlreiche Werke von Strawinsky, Hindemith, Krenek, Ravel, Milhaud, Schönberg und Janáček. Auch in Details zeigte sich der neue, ganz dem zu realisierenden Werk sich unterordnende Arbeitsstil: so wurde nach Premieren weiterprobiert, um ein Stück auf dem einmal erreichten Niveau zu halten, so gab es einen fest engagierten Gesangspädagogen, den später berühmt gewordenen Fred Husler, der sich um die Sänger der Krolloper kümmerte, so war – trotz der eher diktatorisch wirkenden Figur Klemperers – der künstlerische Entscheidungsprozeß demokratisch organisiert.
Was das in Theaterkreisen und unter der bürgerlichen Intelligenz hochangesehene Institut schließlich zu Fall brachte, war – neben dem Mitgliederschwund der Freien Volksbühne – die sich wandelnde politische Situation. „Mit der wirtschaftlichen Depression gegen Ende der zwanziger Jahre entstand eine kulturpolitische Lage, in der alle Erscheinungsformen der Moderne rüde bekämpft wurden. In Dessau wendete sich der Kampf gegen das Bauhaus, in Berlin gegen das Kronprinzenpalais, die Pflegestätte moderner bildender Kunst und – eben gegen die Krolloper"[5]. Das Moderne, das Nicht-Konformistische wurde zudem schnell mit dem politisch Linken in einen Topf geworfen, der Vorwurf des „Kulturbolschewismus", den bereits 1929 Siegfried Wagner gegen die Fehling-Inszenierung des „Fliegenden Holländers" erhoben hatte, fand immer mehr Echo, und die Wirtschaftssituation brachte schließlich den gewünschten Vorwand für die Schließung eines Instituts, das – trotz seiner kurzen Lebensdauer – in seiner Repertoire- und Spielplanpolitik, in der Ensemblepflege, in der Realisierung neuer Möglichkeiten des Musiktheaters und schließlich in seiner künstlerischen Wahrhaftigkeit bis heute vorbildhaft geblieben ist.

[4] Curjel, a.a.O., S.36.
[5] Curjel, a.a.O., S.77; vgl. dazu auch den Aufsatz von Stefan Stompor: „‚Die Idee kann man nicht töten . . .' Die Krolloper 1927–1931", in: Jahrbuch der Komischen Oper III. Berlin 1963.

Oper in der Bundesrepublik Deutschland – Ein Zustandsbericht

In der Spielzeit 1977/78 gab es in der Bundesrepublik Deutschland und in Berlin (West) vierundfünfzig regelmäßig spielende Musiktheater – die zahlreichen Sommerbühnen, Freilicht- und Festspielaufführungen sind dabei nicht mitgerechnet. Von Flensburg bis Passau, von Aachen bis Hof standen an etwa 250 Abenden im Jahr etwa 51 000 Plätze für Opernbesucher zur Verfügung. Da die durchschnittliche Platzausnutzung derzeit bei etwa 80% liegt, kann man davon ausgehen, daß in einer Spielzeit etwa 10 Millionen Besucher ein musikalisches Bühnenwerk sehen. Damit dürfte der Besuch des Musiktheaters (eingerechnet sind hier Oper, Operette, Musical und Ballett) schon allein rein quantitativ zu den wichtigsten kulturellen Aufgaben gehören.

Mit vierundfünfzig regelmäßig spielenden Opernhäusern führt die Bundesrepublik Deutschland auch jeden internationalen Vergleich mit Abstand an: verhältnismäßig viele Opernhäuser gibt es daneben noch in der DDR, in Österreich, in Italien – in allen anderen Ländern sind sie zumeist an einer Hand abzuzählen. Die historischen Gründe für diese Vielzahl von Musiktheatern wurden schon genannt: die politische Zersplitterung des Deutschen Reiches bis zum Jahre 1871, die jedem Fürstentum, Herzogtum, ja fast jeder größeren Grafschaft ihr eigenes Hoftheater bescherte und die darüber hinaus in den freien Reichsstädten alsbald Bürgeropern entstehen ließ. Wenn man die Geschichte dieser vierundfünfzig Opernhäuser zurückverfolgt, so zeigt sich, daß knapp die Hälfte auf eine mehr als zweihundertjährige Geschichte – wenn auch mit Unterbrechungen – zurückblikken kann und daß nur wenige Häuser erst im 20. Jahrhundert gegründet wurden.

Zu diesen vierundfünfzig Opernhäusern gehören Theater mit unbestrittenem Weltrang wie Hamburg, Berlin, Köln, Frankfurt, Stuttgart und München neben kleinen Landestheatern wie Coburg, Detmold, Hildesheim und Trier. Eine alphabetische Liste der derzeit regelmäßig spielenden Opernhäuser mit einigen statistischen Angaben[1] mag einen Überblick über die Größe, die Qualität, die geographische Verteilung und die Funktionsverteilung des Musiktheaters in der Bundesrepublik Deutschland geben:

1. Stadttheater Aachen, 3-Spartentheater, Abstecher, 919 Plätze, 27 Solisten, 28 Choristen, 62 Orchestermitglieder
2. Städtische Bühnen Augsburg, 3-Spartentheater, Abstecher, 1010 Plätze, 27 Solisten, 32 Choristen, 64 Orchestermitglieder
3. Deutsche Oper Berlin, Oper und Ballett, 107 Solisten, 114 Choristen, 137 Orchestermitglieder

[1] zusammengestellt nach den Angaben aus dem Deutschen Bühnenjahrbuch 1978, Spielzeit 1977/78, 86. Jahrgang, herausgegeben von der Genossenschaft Deutscher Bühnenangehöriger. Hamburg 1977.

4. Bühnen der Stadt Bielefeld, 3-Spartentheater, 773 Plätze, 23 Solisten, 30 Choristen, 64 Orchestermitglieder
5. Theater der Stadt Bonn, 3-Spartentheater, 896 Plätze, 30 Solisten, 40 Choristen, 99 Orchestermitglieder
6. Staatstheater Braunschweig, 3-Spartentheater, 1186 Plätze, 28 Solisten, 40 Choristen, 79 Orchestermitglieder
7. Theater der Freien Hansestadt Bremen, 3-Spartentheater, 989 Plätze, 54 Solisten, 48 Choristen, 99 Orchestermitglieder
8. Stadttheater Bremerhaven, 3-Spartentheater, Abstecher, 722 Plätze, 21 Solisten, 21 Choristen, 49 Orchestermitglieder
9. Landestheater Coburg, 3-Spartentheater, Abstecher, 577 Plätze, 20 Solisten, 22 Choristen, 44 Orchestermitglieder
10. Staatstheater Darmstadt, 3-Spartentheater, 956 Plätze, 26 Solisten, 41 Choristen, 78 Orchestermitglieder
11. Landestheater Detmold, 3-Spartentheater, Abstecher, 676 Plätze, 23 Solisten, 22 Choristen, 51 Orchestermitglieder
12. Städtische Bühnen Dortmund, 3-Spartentheater, 1160 Plätze, 43 Solisten, 47 Choristen, 90 Orchestermitglieder
13. Deutsche Oper am Rhein Düsseldorf–Duisburg, Oper und Ballett, 1342 und 1118 Plätze, 83 Solisten, 85 Choristen, 107 Orchestermitglieder
14. Städtische Bühnen Essen, 3-Spartentheater, 637 Plätze, 30 Solisten, 38 Choristen, 95 Orchestermitglieder
15. Landestheater Flensburg, 3-Spartentheater, Abstecher, 637 Plätze, 20 Solisten, 20 Choristen, 60 Orchestermusiker
16. Städtische Bühnen Frankfurt, 3-Spartentheater, 1387 Plätze, 75 Solisten, 72 Choristen, 105 Orchestermitglieder
17. Städtische Bühnen Freiburg, 3-Spartentheater, 1068 Plätze, 26 Solisten, 30 Choristen, 55 Orchestermitglieder
18. Musiktheater im Revier Gelsenkirchen, Oper, Operette, Ballett, Abstecher, 1050 Plätze, 51 Solisten, 38 Choristen, 66 Orchestermitglieder
19. Stadttheater Gießen, 3-Spartentheater, 673 Plätze, 20 Solisten, 16 Choristen, 34 Orchestermitglieder
20. Städtische Bühnen Hagen, 3-Spartentheater, Abstecher, 808 Plätze, 31 Solisten, 28 Choristen, 66 Orchestermitglieder
21. Hamburgische Staatsoper, Oper und Ballett, 1675 Plätze, 124 Solisten, 83 Choristen, 132 Orchestermusiker
22. Staatstheater Hannover, 3-Spartentheater, 1554 Plätze, 54 Solisten, 60 Choristen, 99 Orchestermitglieder
23. Städtische Bühnen Heidelberg, 3-Spartentheater, Abstecher, 725 Plätze, 19 Solisten, 23 Choristen, 56 Orchestermitglieder
24. Stadttheater Hildesheim, 3-Spartentheater, Abstecher, 697 Plätze, 20 Solisten, 18 Choristen, 30 Orchestermitglieder

25. Städtebundtheater Hof, 3-Spartentheater, Abstecher, 580 Plätze, 18 Solisten, 20 Choristen, 47 Orchestermitglieder
26. Pfalztheater Kaiserslautern, 3-Spartentheater, Abstecher, 750 Plätze, 35 Solisten, 24 Choristen, 54 Orchestermitglieder
27. Staatstheater Karlsruhe, 3-Spartentheater, Abstecher, 1002 Plätze, 41 Solisten, 44 Choristen, 84 Orchestermusiker
28. Staatstheater Kassel, 3-Spartentheater, Abstecher, 953 Plätze, 31 Solisten, 42 Choristen, 78 Orchestermitglieder
29. Städtische Bühnen Kiel, 3-Spartentheater, 952 Plätze, 30 Solisten, 37 Choristen, 75 Orchestermitglieder
30. Stadttheater Koblenz, 3-Spartentheater, 500 Plätze, 24 Solisten, 24 Choristen, 70 Orchestermitglieder
31. Städtische Bühnen Köln, 3-Spartentheater, 1346 Plätze, 107 Solisten, 69 Choristen, 114 Orchestermitglieder
32. Offenbachtheater Köln, Oper und Operette, Abstecher, 640 Plätze, 22 Solisten, kein Chor, 44 Orchestermitglieder
33. Vereinigte Bühnen Krefeld–Mönchengladbach, 3-Spartentheater, Abstecher, 832 und 753 Plätze, 34 Solisten 34 Choristen, 77 Orchestermitglieder
34. Städtische Bühnen Lübeck, 3-Spartentheater, 923 Plätze, 26 Solisten, 31 Choristen, 66 Orchestermitglieder
35. Stadttheater Lüneburg, 3-Spartentheater, Abstecher, 626 Plätze, 20 Solisten, 20 Choristen, 36 Orchestermitglieder
36. Städtische Bühnen Mainz, 3-Spartentheater, Abstecher, 801 Plätze, 35 Solisten, 29 Choristen, 54 Orchestermitglieder
37. Nationaltheater Mannheim, 3-Spartentheater, 1200 Plätze, 74 Solisten, 47 Choristen, 88 Orchestermitglieder
38. Münchner Staatsoper, Oper und Ballett, 2100 Plätze, 147 Solisten, 99 Choristen, 140 Orchestermitglieder
39. Gärtnerplatztheater München, Oper, Operette, Ballett, Abstecher, 932 Plätze, 83 Solisten, 44 Choristen, 74 Orchestermitglieder
40. Städtische Bühnen Münster, 3-Spartentheater, Abstecher, 955 Plätze, 20 Solisten, 24 Choristen, 60 Orchestermitglieder
41. Städtische Bühnen Nürnberg, 3-Spartentheater, 1456 Plätze, 46 Solisten, 54 Choristen, 87 Orchestermitglieder
42. Stadttheater Oberhausen, 3-Spartentheater, Abstecher, 796 Plätze, 15 Solisten, 24 Choristen, 34 Orchestermitglieder
43. Staatstheater Oldenburg, 3-Spartentheater, Abstecher, 861 Plätze, 32 Solisten, 30 Choristen, 63 Orchestermitglieder
44. Stadttheater Osnabrück, 3-Spartentheater, Abstecher, 780 Plätze, 23 Solisten, 24 Choristen, 58 Orchestermusiker
45. Städtebundtheater Passau, 3-Spartentheater, Abstecher, 400 Plätze, 10 Solisten, kein Chor, 36 Orchestermitglieder

46. Stadttheater Pforzheim, 3-Spartentheater, Abstecher, 437 Plätze, 19 Solisten, 16 Choristen, 32 Orchestermitglieder
47. Stadttheater Regensburg, 3-Spartentheater, Abstecher, 540 Plätze, 23 Solisten, 22 Choristen, 49 Orchestermitglieder
48. Staatstheater Saarbrücken, 3-Spartentheater, Abstecher, 1136 Plätze, 39 Solisten, 40 Choristen, 75 Orchestermitglieder
49. Staatstheater Stuttgart, 3-Spartentheater, 1426 Plätze, 78 Solisten, 70 Choristen, 103 Orchestermitglieder
50. Theater der Stadt Trier, 3-Spartentheater, Abstecher, 622 Plätze, 18 Solisten, 12 Choristen, 38 Orchestermusiker
51. Stadttheater Ulm, 3-Spartentheater, Abstecher, 815 Plätze, 24 Solisten, 20 Choristen, 48 Orchestermitglieder
52. Staatstheater Wiesbaden, 3-Spartentheater, 1400 Plätze, 30 Solisten, 55 Choristen, 80 Orchestermitglieder
53. Stadttheater Würzburg, 3-Spartentheater, Abstecher, 750 Plätze, 22 Solisten, 20 Choristen, 49 Orchestermitglieder
54. Wuppertaler Bühnen, 3-Spartentheater, 851 Plätze, 32 Solisten, 40 Choristen, 88 Orchestermitglieder.

Die jeweils den Namen der einzelnen Theater hinzugefügten Angaben über die Struktur, über die Größe des jeweils bespielten Hauses, über die Möglichkeit von regelmäßigen Abstechern, d.h. von der Mitversorgung von theaterlosen Städten in der engeren oder weiteren Umgebung des jeweiligen Opernhauses, sowie über die Anzahl der Solisten, Chor- und Orchestermitglieder vermögen einen etwas präziseren Eindruck über die Größe des einzelnen Opernhauses und über die Realisierungsmöglichkeiten des Repertoires zu geben als die reinen Namensangaben; und Aussagen über die jährliche Etathöhe, die an den deutschen Opernhäusern heute etwa zwischen 50 (Hamburg, Berlin, München) und etwa 6 (Coburg, Trier, Pforzheim) Millionen DM liegen dürften, sind nicht durchweg vergleichbar, weil sich die Beträge bisweilen auf das reine Musiktheater beziehen, in anderen Fällen im technischen Bereich auch die Personal- und Sachaufwendungen für das Sprechtheater umfassen und in einzelnen Fällen die Kosten für das Orchester nur zum Teil umfassen, weil dieses in erheblichem Maße als Konzertorchester auftritt und so aus anderen Etats finanziert wird. Einheitlich ist heute allen deutschen Opernhäusern, daß sie aus Mitteln der öffentlichen Hände (Staat, Bundesland, Stadt, Städtevereinigungen) finanziert werden; privat subventionierte Musiktheater gibt es in der Bundesrepublik Deutschland nicht.

Die geographische Verteilung der vierundfünfzig Opernhäuser erklärt sich ebenfalls gleichermaßen aus historischen und aus aktuellen Gründen: konzentriert sind die Opernhäuser jeweils in den ehemaligen Residenzstädten, und wo diese – wie in Südwestdeutschland – relativ dicht beieinander liegen, weil die einzelnen Fürstentümer relativ klein waren, ergibt sich eine dichte Flächendeckung. Im norddeutschen Bereich und in Bayern dagegen, wo es früh größere Flächenstaaten gab, ist die Opernhaus-Dichte geringer. Diese historische Konstellation wird jedoch überdeckt durch die aktuelle von Opernhaus-Neugründungen im 19. und 20. Jahrhundert; denn diese Neugründungen richteten sich nicht nach dem Standort alter Residenzen, sondern nach der Bevölkerungsdichte. So hat das Ruhrgebiet zwischen Dortmund und Köln, zwischen Oberhausen und Wuppertal auf relativ kleinem geographischen Bereich neun leistungsfähige Opernhäuser, die – da es sich hier um das größte Ballungsgebiet innerhalb der Bundesrepublik handelt – einen Einzugsbereich mit mehr als 12 Millionen Menschen ‚versorgen', und ähnlich ist es in dem neuen Ballungsgebiet des Rhein-Main-Raumes. Abgesehen von den drei großen Opernhäusern in Hamburg, Berlin und München sind die Theater fast durchweg sogenannte Dreispartentheater: in ihnen werden – geleitet von einem Generalintendanten oder einem Direktorium – gleichermaßen die Bereiche des Musiktheaters (Oper, Operette, Musical), des Balletts und des Sprechtheaters gepflegt – zumeist auf mehreren Spielstätten – dem sogenannten „Großen Haus", in dem Oper, Operette und Ballett zu Hause sind, dem „Kleinen Haus" für das Sprechtheater und zumeist noch einem „Studio" für experimentelle Stücke oder für intimes Kammertheater. Als – jeweils abhängig von der Größe des Einzugsgebietes – sinnvolle Größe hat sich für diese drei Häuser herausgebildet: etwa 900 bis 1100 Plätze im Opernhaus, etwa 500 bis 600 Plätze im Schauspielhaus, etwa 100 Plätze im Studio. Sind solchermaßen drei Spielstätten vorhanden, wird das „Große Haus" – mit zumeist einem spielfreien Tag in der Woche, der zurückzuführen ist auf die Tarifbestimmungen des technischen Personals – durchweg mit musikalischen Vorstellungen bespielt – bei einem Jahresurlaub von etwa 6 Wochen und einer vorstellungsfreien Vorprobenzeit von etwa 3 bis 4 Wochen kommt ein normales Stadttheater also auf etwa 200 bis 240 Vorstellungen im Jahr; an solchen Orten, wo – in Ermangelung eines ausreichenden Spielortes für das Schauspiel – dieses ebenfalls im „Großen Haus" tätig ist, verringert sich die Zahl der musikalischen Vorstellungen auf etwa 150 in der Spielzeit.

Den Bereich des traditionellen Stadttheaters mit mehr oder weniger regionaler Bedeutung übersteigen heute in der Bundesrepublik – wobei diese Auswahl um das eine oder andere Theater erweitert oder verringert werden könnte – die Opernhäuser in Hamburg, Berlin, Düsseldorf, Frankfurt, Köln, München, Nürnberg und Stuttgart. Hier ist der Jahresetat (zwischen 50 und 30 Millionen DM) so groß, daß man in der Verpflichtung hochrangiger und dementsprechend teurer Gäste wie in der Unterhaltung hochqualifizierter Ensembles und Gruppen (Chor, Orchester) nicht allzu schnell an die engen Etatgrenzen stößt, ist zudem die personelle Ausstattung auch im Bereich der Technik und der Werkstätten so geartet, daß man eine größere Zahl von Werken im Spielplan halten kann und damit Raum hat für das eine oder andere Experiment, für die eine oder andere Inszenierung, die den Rahmen des Konventionellen sprengt. Die genannten acht Opernhäuser haben in diesem Bereich künstlerisch-finanzieller Doppelbedingungen jeweils eigene Schwerpunkte gesetzt, sie mögen – als Häuser, die auch im internationalen Vergleich bestehen können – hier in wenigen Zügen vorgestellt werden.

Die Hamburgische Staatsoper haben wir – als Beispiel einer „Bürgeroper" – bis zur kriegsbedingten Zerstörung im Jahre 1943 in ihrer mehrhundertjährigen Geschichte bereits geschildert. Nach 1945 spielte man zuerst im stehengebliebenen Bühnentrakt der alten Staatsoper an der Dammtorstraße und in der Hamburger Musikhalle, wobei die geringen technischen und finanziellen Möglichkeiten – wie ähnlich zur gleichen Zeit in Wien – die Voraussetzungen schufen für einen neuen Opernstil, der sich insbesondere am Werk Mozarts entwickelte und der von Luxus, Prunk und bildnerischer Überladung wegführte zu intimeren Szenen, zu hervorgehobener Personenregie. Maßstabsetzend im Nachkriegsdeutschland waren hier die Mozart-Inszenierungen von Günter Rennert, der von 1946 bis 1956 Intendant der Hamburgischen Staatsoper war, und von seinem Berliner Kollegen Carl Ebert. Neben dieser Pflege des klassischen Repertoires begann in diesen Jahren die intensive Beschäftigung mit der neuen Musik, mit jener Musik zumal, die während des Dritten Reiches dem Aufführungsverbot unterlag. Opern von Strawinsky, Hindemith, Britten, von Berg und Schönberg wurden aufgeführt. Nach Günter Rennert wurde – für drei Jahre – der ehemalige Berliner Generalintendant Heinz Tietjen Leiter des Hamburger Hauses; in seine Intendanz fiel 1956 die Neueröffnung des Hauses an der Dammtorstraße, das jetzt auch größeren Aufgaben wieder offenstand. Diesen Aufgaben widmete sich Rolf Liebermann, Intendant von 1959 bis 1973, in zweifacher, sich jeweils ergänzender und stützender Weise: er, der zuvor Musikchef des Norddeutschen Rundfunks gewesen war und von daher schon die Repräsentanten des internationalen Musiklebens kannte, öffnete das Haus für die internationalen Spitzenstars, erweiterte und konsolidierte das Ensemble in der heute an internationalen Opernhäusern üblichen Weise: durch Gast- und Stückverträge ist eine Vielzahl von Sängern für jeweils einige Abende im Jahr an das Haus gebunden, daneben gibt es – für kleinere Rollen und für Repertoireaufgaben – ein fest engagiertes Ensemble aus einigen Spitzenkräften und etlichen jungen Nachwuchskräften. Mit diesem Ensemble machte er die Staatsoper mit Gastspielen in Edinburgh und Paris, in Montreal und in New York bekannt. Wichtiger aber noch als diese Öffnung, die sich zur gleichen Zeit auch in Berlin und München vollzog, war Liebermanns Auftragspolitik. Er brachte in seiner Förderung des zeitgenössischen Musiktheaters in jedem Jahr seiner Intendanz ein neues Auftragswerk zur Uraufführung, darunter Bühnenwerke von Ernst Krenek, Hans Werner Henze, Giselher Klebe, Boris Blacher, aber auch Gunther Schuller, Alexander Goehr, Humphrey Searle, Lars Johan Werle, Krzystof Penderecki, Pierre Schaeffer und Mauricio Kagel, und wenn sich auch das eine oder andere Werk als nicht recht lebensfähig erwies, so gehört Hamburg doch mit der Uraufführung der „Teufel von Loudon" und von Kagels „Staatstheater" zu den wichtigsten Anregern neuen Musiktheaters. Liebermanns Nachfolger August Everding (1973–1976) und Christoph von Dohnanyi (seit 1976) haben sich bisher ähnlich nicht profilieren können, zumal beide die Förderung der neuen Musik eingeschränkt und – abgesehen von der maßstabsetzenden Inszenierung von Bernd Alois Zimmermanns „Soldaten" – in die unter Everding neubegründete Experimentierbühne abgedrängt haben, wo sie – wie so oft – nur ein kleines, zumeist schon informiertes Publikum erreicht.

In Berlin entwickelte sich die Theatersituation nach dem Ende des Zweiten Weltkrieges durch die Teilung der Stadt gänzlich anders. Nachdem es zuvor drei ständig bespielte Bühnen (Lindenoper, Städtische Oper, Krolloper) gegeben hatte, wurde der Spielbetrieb im Osten der Stadt in der Staatsoper Unter den Linden und in der neuerrichteten Komischen Oper Walter Felsensteins alsbald wieder aufgenommen; im Westteil der Stadt spielte man – da die Städtische Oper zerstört war – zuerst im Theater des Westens, und hier entstand jene intensive Mozart-Pflege des Intendanten Carl Ebert (1954–61). Eberts Nachfolger Gustav Rudolf Sellner konnte das neue Haus an der Bismarckstraße in Betrieb nehmen, und hier setzte er Eberts Mozart- und Verdi-Pflege fort und erweiterte sie um Werke von Berg, Hindemith, Orff und Schönberg; die Avantgarde wurde hier nicht so intensiv und stetig gefördert wie in Hamburg, gleichwohl fanden hier die Uraufführungen von Opern Egks, Henzes, Blachers und Dallapiccolas statt. Besonderes Profil verlieh dem Hause der seit 1965 tätige Chefdirigent Lorin Maazel, der allerdings nicht allzulange gehalten werden konnte. Sellner prägte durch seine lange Amtszeit (bis 1972) das Berliner Haus, seine Nachfolger Egon Seefehlner (1972 bis 1975) und Siegfried Palm (seit 1976) hatten ähnliche Profilierungsschwierigkeiten wie Everding und von Dohnanyi in Hamburg. Zum einen mag dies daran liegen, daß die Zeit der Intendantenpersönlichkeiten vorbei ist, weit mehr scheint mir jedoch der Grund darin zu sein, daß man an diesen großen Häusern glaubt, das Engagement teurer Stars – seien es Sänger, Dirigenten oder Regisseure – und eine teure Ausstattung seien für sich schon Programm und Profil genug. Doch über diese weltweit anzutreffende Problematik hinaus scheint die Deutsche Oper Berlin derzeit durchaus in einer künstlerischen Krise zu stecken.

Die Deutsche Oper am Rhein Düsseldorf–Duisburg wurde in der ersten Nachkriegszeit geprägt durch die Generalintendanz von Gustav Gründgens (1946–1951). Nach der Fusion mit dem Stadttheater in Duisburg im Jahre 1956 erreichte die Oper personell und finanziell jene Stärke, die sie schließlich – bis heute unter dem Intendanten Grischa Barfuss – zu den führenden Bühnen im Rhein-Ruhr-Gebiet machte, mit einem verhältnismäßig konventionellen Spielplan, der jedoch immer wieder – im Bereich der Wiederentdeckung vergessener Werke oder im Bereich des Neuen – durchbrochen wird. So war Düsseldorf lange Zeit führend in der Rossini-Renaissance, die hier insbesondere Jean-Pierre Ponelle betrieb, so spielte man hier Zimmermanns „Soldaten", so brachte man – in mehreren Spielzeiten – das musiktheatralische Gesamtwerk von Leoš Janáček zur Aufführung. Profil gewonnen hat auch – unter dem Chefchoreographen Erich Walter – das Ballett der Deutschen Oper am Rhein.

Die Oper der Stadt Köln, die ebenfalls zu den führenden Musiktheater-Bühnen der Bundesrepublik gehört, hat sich insbesondere seit der Neueröffnung des Hauses am Offenbachplatz im Jahre 1957 profilieren können. Intendanten wie Oscar Fritz Schuh und Arno Assmann und – seitdem die Intendanz bei Claus Helmut Drese und heute bei Michael Hampe in die Hände von eher dramaturgisch geschulten Männern ohne eigene Regie-Ambitionen gelangte – ein Oberspielleiter wie Hans Neugebauer haben durchweg dafür gesorgt, daß in Köln sehr früh schon regiebetontes Musiktheater stattfand, als man sich anderenorts noch mit gefälligen Sängerarrangements begnügte. Bleibendes Verdienst erwarb sich die Kölner Oper mit der Uraufführung der Oper „Die Soldaten" von Bernd Alois Zimmermann im Jahre 1965, nachdem dieses Werk zuvor vielfach als unspielbar erklärt worden war. Internationalen Rang hat das Kölner Tanz-Forum, neben dem

Wuppertaler Ballett ein Zentrum neuerer Tanzkunst in der Bundesrepublik Deutschland.
In Frankfurt wird seit 1780 regelmäßig Oper gespielt. Nach dem Zweiten Weltkrieg, in dem das alte Opernhaus zerstört wurde, spielte man zuerst in Behelfsräumen, seit 1951 im neuen Opernhaus. Intendanten waren seitdem Bruno Vondenhoff, Harry Buckwitz, der sich besonders als Schauspiel-Regisseur einen Namen machte, dann Ulrich Erfurth; seit Anfang der siebziger Jahre gibt es ein kollegiales Direktorium, das im Opernbereich zuerst Christoph von Dohnanyi, seit 1977 Michael Gielen und Christof Bitter führen. In den fünfziger Jahren prägte Georg Solti für etliche Jahre das Gesicht des Frankfurter Hauses, so wie nach ihm in den siebziger Jahren nur noch Christoph von Dohnanyi, der zunehmend profilierte Regisseure und bisweilen auch risikoreiche Nachwuchsleute heranzog. Mit einem schlüssigen Konzept, das insbesondere die neue Musik berücksichtigt, hat Michael Gielen, seit langem einer der herausragenden Dirigenten neuer Musik, seine Frankfurter Zeit begonnen.
Das Musiktheater in Nürnberg hat sich in mehrfacher Hinsicht von den sonst üblichen, fast auswechselbaren Theatern vergleichbarer Größe unterscheiden können: zum einen beharrt es – anders als die in Spitzenpositionen fast nur noch mit Gästen arbeitenden Häuser in Köln und Düsseldorf – auf der Erhaltung eines reinen Ensemblebetriebs; alle Solisten sind fest an das Haus engagiert und erlauben dadurch größere Flexibilität im Spielplan und im Repertoire. In den sechziger und frühen siebziger Jahren war das Nürnberger Theater die erste bundesdeutsche Station für viele amerikanische Musicals, die sich – nachdem sie in Nürnberg beim Publikum ankamen – alsbald schnell ins Repertoire fast aller anderen Bühnen integrieren ließen; in Nürnberg wurde Bernsteins „Westside Story", wurden „My Fair Lady" und „Anatevka" für das deutsche Repertoire erschlossen. Unter Hans Gierster, seit 1965 Generalmusikdirektor (GMD) und Operndirektor, profilierte sich das Nürnberger Haus in zwei weitere Richtungen: es wurde – mit einem Spielplan, der neben den beiden Opern von Berg Schönbergs „Moses und Aaron", Zimmermanns „Soldaten" sowie Werke von Henze und Nono aufwies – zu einer der wichtigsten Pflegestätten für das zeitgenössische Musiktheater, und Nürnberg institutionalisierte darüber hinaus den Versuch, durch das Engagement von Schauspiel-Regisseuren der Oper frisches Blut zuzuführen: die aufsehenerregenden, viele neue Werkbereiche aufschlüsselnden Regiearbeiten von Hans Neuenfels, von Hans Günter Heyme und Ulrich Melchinger bewiesen die Richtigkeit dieses Versuchs.
Das Württembergische Staatstheater in Stuttgart, das auf eine mehr als zweihundertjährige Operntradition zurückblicken kann, wurde 1949 wiedereröffnet, und auch hier gab es – wie in Hamburg, wie in Berlin, wie in München – eine Intendanten-Vaterfigur in Walter Erich Schäfer, der bis 1971 das Haus führte und hier für lange Zeit ein hochrangiges Operntheater zu erhalten wußte – mit Regisseuren wie Günter Rennert und Wieland Wagner, der das Stuttgarter Haus in den sechziger Jahren zu einem „Winter-Bayreuth" machte, mit Dirigenten wie Ferdinand Leitner, der zwanzig Jahre lang Stuttgarter Generalmusikdirektor blieb, mit einer geschlossenen Ensemblepflege wie sonst selten, mit Gastspielen in Italien, Frankreich, Belgien und Holland, mit intensiver Pflege des Opernwerkes von Carl Orff und schließlich mit dem Engagement von John Cranko, der

das Ballettensemble des Stuttgarter Hauses zu einem der führenden in der ganzen Welt machte. Nach der Vaterfigur kam – wie anderswo – der Manager in Hans Peter Doll, mit ihm ein neuer, eher vorsichtiger GMD in Silvio Varviso – gleichwohl hat das Stuttgarter Staatstheater bis heute – auch nach Crankos Tod – das hohe Niveau seiner Inszenierungen, seines Ensembles, zu dem einmal Wolfgang Windgassen und Fritz Wunderlich gehörten, halten können.

In München, der – wie sich die Münchner gern selbst sehen – ‚heimlichen kulturellen Hauptstadt' der Bundesrepublik Deutschland – gibt es zwei vollkommen selbständige Opernhäuser: die Münchner Staatsoper mit Spielstätten im 1963 wiedereröffneten Nationaltheater, im Prinzregententheater und im kleineren Cuvilliés-Theater, das besonders als Pflegestätte für das Mozart- und Rossini-Repertoire genutzt wird; und daneben das Staatstheater am Gärtnerplatz, das sich in erster Linie um das leichtere Genre kümmert, also um Operette und Musical, die im Nationaltheater nicht gepflegt werden. Darüber hinaus hat das Gärtnerplatztheater aber sein Repertoire in den Bereich der Spieloper ausgedehnt, und auch die Moderne, Mozart oder Verdi werden nicht mehr ausgespart. Dadurch ist – vom ganz schweren Repertoire abgesehen – in fast allen Bereichen eine für die künstlerische Qualität durchaus fruchtbare Konkurrenz-Situation zwischen den beiden Häusern entstanden, insbesondere deshalb auch, als sich hier zwei verschiedene Spielplan-Organisationen – ein mehr dem Stagione-Betrieb angenäherter im Nationaltheater, ein eher dem alten Ensemblegedanken treuer im Gärtnerplatztheater – gegenüberstehen.

Nach dem Zweiten Weltkrieg war das aus dem Jahre 1811 stammende Nationaltheater erheblich zerstört, der Spielbetrieb wurde 1945 unter dem Intendanten Rudolf Hartmann im unzerstörten, aber deutlich kleineren Prinzregententheater wieder aufgenommen, das im Jahre 1900 erbaut worden war, um die von dem damaligen Intendanten Ernst von Possart konzipierten Münchner Wagner-Festspiele aufzunehmen. Obwohl räumlich begrenzt, entwickelte sich hier schon in den ersten Nachkriegsjahren ein hohes Aufführungsniveau, für das Dirigenten wie Georg Solti, Herbert von Karajan, Rudolf Kempe und Ferenc Fricsay ebenso verantwortlich waren wie die dort engagierte Garde der deutschen Sänger. 1958 wurde das 1753 eröffnete alte Residenz-Theater, nach seinem Erbauer benannte Cuvilliés-Theater, das man im Kriege abgebaut und ausgelagert hatte, wieder – an anderer Stelle – aufgebaut. Dieses Theater gehört – neben dem allerdings nur in Ausnahmefällen bespielten Markgräflichen Opernhaus in Bayreuth und dem 1742 errichteten Markgrafentheater in Erlangen – zu den schönsten Beispielen barocken Theaterbaus nördlich der Alpen, und für Aufführungen von Haydn, Mozart oder Rossini bietet es noch heute einen der stilvollsten Rahmen.

Das Nationaltheater wurde – nach vierjährigem Wiederaufbau – im November 1963 erneut eröffnet; es ist heute – mit über 2000 Sitzplätzen – das größte Opernhaus in der Bundesrepublik Deutschland. Eröffnungsintendant war Rudolf Hartmann, der das Haus – bis zu seinem Ausscheiden 1967 – fast zwei Jahrzehnte geleitet hatte; Generalmusikdirektor war – bis zu seinem Tode im Jahre 1968 – Joseph Keilberth, der hier insbesondere das deutsche Opernrepertoire, mit Schwerpunkten bei Mozart, Beethoven, Weber,

Wagner, Strauss und Pfitzner, pflegte, sein Nachfolger wurde Wolfgang Sawallisch, der das Haus auch heute noch musikalisch leitet. Als Nachfolger von Rudolf Hartmann holte man 1967 Günter Rennert, der neun Jahre blieb und in dieser Zeit Werke von Mozart und Rossini, von Strauss und Puccini, von Mussorgski, Strawinsky und Janáček inszenierte. Das Münchner Haus hatte – schon vor dem Zweiten Weltkrieg – in Spielplan und Repertoire einen eher konservativen Zuschnitt – dieser hat sich bis heute gehalten, und Rennert, der anderswo, etwa in Stuttgart, sich durchaus für neue Werke einsetzte, konnte in dieser Hinsicht in München nicht viel durchsetzen. Immerhin kam es während seiner Intendanz zur Einstudierung von Zimmermanns „Soldaten", führte man 1972, anläßlich der Olympischen Sommerspiele – Isang Yuns Auftragsoper „Sim Tjong" auf, spielte man Werke von Henze und – erst vor kurzer Zeit – die Uraufführung der Auftragsoper „Lear" von Aribert Reimann, doch zu einer kontinuierlichen Pflege der neuen Musik kam es in der Staatsoper nicht, abgesehen einmal von der von Walter Haupt geleiteten Experimentierbühne, die jedoch ebenfalls wenig Profil gewinnen konnte. Seit 1977 ist – nach einem einjährigen Intermezzo nach dem Weggang Günter Rennerts, in dem das Haus von Wolfgang Sawallisch geleitet worden war – August Everding Intendant, und er bietet zwar die Gewähr für ein publikumsfreundliches, mit den hochbezahlten Opernstars aus aller Welt arbeitendes Musiktheater, aber nicht für programmatische Konsequenz oder gar Engagement für die neue Musik, das über die übliche Alibi-Funktion hinausginge. Er wird insbesondere die seit etlichen Jahrzehnten existierende Einrichtung der Münchner Opern-Festspiele – jeweils am Ende einer Spielzeit – nutzen, um dem Münchner Publikum die Gesangsstars aus aller Welt zu präsentieren, und in dieser Hinsicht – im Blick auf solide erarbeitete, hochkarätig besetzte Produktionen des klassischen Repertoires – hat die Bayerische Staatsoper wahrhaftig mehr zu bieten als irgendein anderes Theater in Deutschland, auch wenn die Opernhäuser in Hamburg und Berlin ähnliche Besetzungen aufweisen können. Zum Gastensemble der Münchner Oper gehören heute Sänger wie Theo Adam, Walter Berry, José Carreras, Placido Domingo, Dietrich Fischer-Dieskau, Nicolai Ghiaurov, René Kollo, Hermann Prey, Peter Schreier und Martti Talvela, Sängerinnen wie Ileana Cotrubas, Helen Donath, Brigitte Faßbaender, Mirella Freni, Edith Mathis und Birgit Nilsson – Gesangsstars, die heute an allen großen Bühnen der Welt auftreten. Daß dadurch gerade die Spielpläne und Besetzungslisten der internationalen Opernhäuser in Europa (München, Wien, London, Paris) und in den USA fast auswechselbar geworden sind, daß also ein „Othello" von Verdi überall fast gleich besetzt wird, hat eine gewisse Eintönigkeit und Auswechselbarkeit zur Folge, die sich auch auf München stark auswirkt, obwohl dort auch Gesangskräfte engagiert sind, die manchem hochbezahlten Star nicht nachstehen.

Nach diesen acht führenden Häusern, die internationalem Vergleich standhalten können, bilden die Opernhäuser in Braunschweig, Bremen, Dortmund, Hannover, Karlsruhe, Mannheim und Wuppertal eine dichte, relativ homogene Gruppe, die den Bereich des normalen Stadttheaters überragt. Das Stadttheater (in einigen Fällen auch Staatstheater) – gemeint ist damit ein Dreispartenbetrieb, der über mehrere Spielflächen verfügt, etwa 30 Solisten und etwa 70 Orchestermusiker aufweist und einen Jahresetat von 15 bis 20

Millionen DM hat – ist die am weitesten verbreitete Form: zu ihm zählen die Opernhäuser in Aachen, Augsburg, Bielefeld, Bonn, Darmstadt, Essen, Freiburg, Gelsenkirchen, Hagen, Heidelberg, Kassel, Kiel, Krefeld–Mönchengladbach, Lübeck, Mainz, Oldenburg, Saarbrücken, Wiesbaden.

Hier sei – stellvertretend – das Kieler Opernhaus herausgegriffen. Hier, in der schleswig-holsteinischen Landeshauptstadt und der nördlichsten Großstadt der Bundesrepublik Deutschland, wird seit 1764 Oper gespielt; während des 20. Jahrhunderts waren hier so bekannte Intendanten tätig wie Gustav Rudolf Sellner, der nachmalige Berliner Opernintendant, und wie Alfred Noller, wirkten Dirigenten wie Fritz Stein und Eugen Jochum. Besonderes Profil – in der Bundesrepublik Deutschland, aber auch, wie zahlreiche Gastspiele zeigen, darüber hinaus – gewann das Kieler Opernhaus während der Intendanz von Joachim Klaiber, der dem Haus von 1963 bis 1975 vorstand. Klaiber gelang es, so profilierte junge Dirigenten wie Peter Ronnefeld und Hans Zender für einige Jahre an das Kieler Theater zu binden, er gründete 1969 – zusammen mit Zender – das erste deutsche Opernstudio, er setzte es während seiner Intendanz durch, daß auch der Spielplan im Großen Haus in jedem Jahr wichtige moderne Akzente zu setzen wußte. Dafür waren – als überregionales Aushängeschild – die jährlichen „Kieler Wochen", und dann zumal die Segel-Olympiade, wichtig, aber nicht entscheidend. Während der Kieler Intendanz von Joachim Klaiber wurden dort Opern von Niels Viggo Bentzon, Aribert Reimann, Renato de Grandis, Dieter Schönbach, Manfred Niehaus, Isang Yun, Rainer Riehm, Peter Westergaard, Ingomar Grünauer und Alberto Ginastera ur- oder erstaufgeführt – eine Zahl von Werken, die sich vergleichen läßt wohl nur mit den Aufführungen in Hamburg unter der Ägide von Liebermann, aber sonst – insbesondere an einem sehr viel knapper subventionierten Stadttheater – wohl einzig dasteht. Wie sehr aber – unabhängig vom Etat – die Qualität eines Musiktheaters abhängig ist von der Qualität, Durchsetzungskraft, Phantasie und Bereitschaft zur Zusammenarbeit der Leute an der Spitze, zeigt ebenfalls das Kieler Beispiel: seit Klaibers Pensionierung ist der internationale Ruf, den das Haus auch als Sprungbrett für Sängerkarrieren hatte, geschwunden, ist das Theater zurückgesunken in die regionale Mittelmäßigkeit, zudem erschüttert durch substanzgefährdende Krisen und Eingriffsversuche von außen, die vorher zwar auch drohten, aber jeweils abgewendet werden konnten. Daß – erfreulicherweise – es immer noch die einzelnen Intendanten, Dirigenten, Regisseure, Sänger und Musiker sind, die die Qualität eines Opernhauses ausmachen, und nicht die Geldgeber oder die Etathöhe, das ist ein Faktum, das eigentlich hoffnungsfreudig stimmen kann.

Die übrigen Opernhäuser dagegen sind – gemessen an ihrem Etat, der bisweilen für einen Dreispartenbetrieb nicht einmal 5 Millionen erreicht, gemessen auch an der Personalstärke von Solisten, Chor und Orchester – nur für einen beschränkten Bereich des klassischen und des zeitgenössischen Musiktheaters einsetzbar; das große romantische Repertoire von Wagner, Verdi und Strauss und die anspruchsvollen Werke des 20. Jahrhunderts sind in diesen kleinen Theatern, die zudem meist als Landestheater mit vielen Abstechern eine ganze Region ‚versorgen' müssen, nicht darstellbar. Zu diesen Theatern gehören jene in Bremerhaven, Coburg, Detmold, Flensburg, Gießen, Hildesheim, Hof,

Kaiserslautern, Koblenz, Lüneburg, Münster, Oberhausen, Osnabrück, Passau, Pforzheim, Regensburg, Trier, Ulm und Würzburg.
Das Theater der Stadt Trier mag hier als Beispiel dienen: in dieser knapp mehr als 100000 Einwohner großen Stadt, relativ weit entfernt von den sonstigen kulturellen Zentren (die saarländische Landeshauptstadt Saarbrücken ist gut 100 km entfernt, nach Frankfurt sind es, wie nach Köln, mehr als 200 km, dafür ist Luxemburg, ist Metz und Lüttich relativ nahe), wird seit 1802 Oper gespielt, heute im 1964 neuerbauten Opernhaus. Neben der Stadt und der umliegenden Region versorgt das Trierer Theater mit Abstechern die pfälzischen Orte Idar-Oberstein und Rüsselsheim, die saarländischen Orte St. Wendel und Ottweiler, die luxemburgischen Orte Luxembourg und Esch, ja man spielt – im Austausch – im nordfranzösischen Metz, im südholländischen s'Hertogenbosch. Das Trierer Theater ist – wie sonst nur noch die Theater in Saarbrücken, Aachen, Münster – damit eines der grenzüberschreitenden Spielstätten, die auch Städte im westlichen Ausland mitversorgen und deren Publikum auch aus den grenznahen Regionen Frankreichs, Luxemburgs, Belgiens und Hollands kommt, und gerade diese Theater dürften für den kulturellen Zusammenhalt Westeuropas eine große Bedeutung haben. Gleichwohl muß das Trierer Theater, finanziell getragen von der Stadt, mit einem Jahresetat (1975) von 6,4 Millionen DM auskommen – ein Betrag, von dem etwa 180 Theatermitglieder bezahlt, Gäste engagiert sowie die Sachkosten für etwa 20 Inszenierungen pro Spielzeit (Oper und Schauspiel) und 8 Konzerte bestritten werden müssen. Daß hier in unzulässiger Weise Mehrfach-Funktionen ausgeübt werden müssen – so ist die Intendanz-Sekretärin gleichzeitig Schauspielerin, so tritt die Disponentin gleichzeitig als Sängerin und Schauspielerin auf, so führt der Dramaturg und stellvertretende Intendant zugleich in Oper und Schauspiel Regie – und daß darüber hinaus für ein kontinuierliches, qualitätsbewußtes Operntheater vielfach die Mittel fehlen, dürfte auch dem Laien, der das Theater nur von der Zuschauer-Seite aus sieht, klar sein. Hier – und für das Beispiel Trier stehen die Theater in Pforzheim, Coburg, Passau, Hof und Gießen ebenso – wäre durch kräftige Etaterhöhungen Abhilfe zu schaffen, insbesondere auch deshalb, weil die Opernstatistiken belegen, daß gerade in kleineren und mittleren Städten das Opernhaus sehr viel stärker und auch vom einzelnen Besucher sehr viel häufiger besucht wird als in Großstädten, wo das kulturelle Angebot sehr viel breiter ist.
Nach diesem kursorischen Überblick über die deutsche Musiktheater-Landschaft wollen wir uns einigen Einzelfragen zuwenden, die – jeweils modifiziert – für alle Opernhäuser der Bundesrepublik Deutschland, ob hochdotiertes Staatstheater, ob knapp kalkulierende Landesbühne, Geltung haben. Dabei spielen auf den ersten Blick als unkünstlerisch erscheinende Fragestellungen über die Organisationsform, über den Sozialstatus der Opernhaus-Mitglieder und über die Regelung des Betriebsablaufes eine große Rolle, denn erst wenn diese – und bis heute ist dies an den deutschen Theatern noch nicht so – derart geregelt sind, daß künstlerische Qualität, Vielfalt und Differenzierung mit den berechtigten sozialen Ansprüchen der Bühnenmitglieder in Übereinstimmung gebracht worden sind, kann man von optimalen Voraussetzungen für ein Musiktheater sprechen.

Organisationsformen

Operntheater, in denen heute noch künstlerische Leitung und Geldgeber in einer Person vereinigt sind, gibt es in der Bundesrepublik Deutschland nicht mehr; alle deutschen Musiktheater sind von öffentlichen Subventionen abhängig, wobei diese zumeist 85% des jährlichen Gesamtetats ausmachen; die restlichen 15% kommen aus den Kasseneinnahmen zusammen. Und wenn das Grundgesetz auch regelt, daß „die Kunst frei" ist, daß also kein Geldgeber versuchen darf, die künstlerische Konzeption eines Hauses zu beeinflussen (– in der Praxis geschieht dies wohl an jedem Theater mehr oder weniger offen, hat sich die jeweilige Theaterleitung gegen wohlmeinende oder gehässige Angriffe der für den Etat zuständigen Politiker zu wehren), so wirkt sich die Subventionsbasis jedoch auf die betriebswirtschaftliche Organisationsform des Theaters aus. Die meisten deutschen Theater sind in Form eines sogenannten „Regiebetriebes" organisiert; dieser garantiert eine straffe Anbindung des Theaters an die Verwaltung des Rechtsträgers: des Bundeslandes, der Stadt. Dadurch wird die wirtschaftliche Entscheidungsfreiheit der Theaterleitung stark eingeschränkt, denn die kameralistische Betriebsform, die hier gilt, mag zwar für die weitgehend gleichbleibenden Aufgaben einer Friedhofsverwaltung oder der städtischen Müllabfuhr sinnvoll sein, behindert jedoch das immer wieder notwendige flexible Reagieren eines Theaters oder macht es sogar unmöglich. Dies liegt zum einen darin, daß die jeweils bewilligten finanziellen Mittel zeitlich, quantitativ und sachlich gebunden sind, daß darüber hinaus Haushaltsjahr und Spieljahr nicht übereinstimmen – was jeweils am Ende eines Haushaltsjahres plötzliche Geldausgaben notwendig machen kann, um wenigstens den Etatansatz für das nächste Jahr nicht zu gefährden. Hinzu kommt, daß die finanziellen Mittel, die für einzelne Bereiche – etwa Personalkosten, die heute schon bis zu 90% des Gesamtetats ausmachen, und Sachkosten – nicht untereinander deckungsfähig sind, man also nicht (um ein praktisches Beispiel zu nennen) bei der Ausstattung etwas spart und dafür zusätzlich einen Sänger engagieren kann. Hinzu kommt, daß bei der kameralistischen Betriebsführung für den Einnahmeteil zwar bestimmte Sollzahlen angesetzt sind, das Geld aber dem Theater nicht zugute kommt, also eine Übererfüllung des Solls gar nicht im Sinne der Theaterleitung liegen kann, da sie ja über etwaige Mehreinnahmen nicht verfügen kann. Und schließlich – was sich zumeist auf das Klima innerhalb eines Hauses auswirkt – bildet die Theaterverwaltung, die – bisweilen bis zum Verwaltungsdirektor – vom jeweiligen Rechtsträger abgeordnet wird und nicht von der künstlerischen Leitung engagiert ist, einen gewissen Fremdkörper innerhalb eines Hauses und bringt in vielen Fällen die Bereitschaft, zuerst künstlerisch und dann wirtschaftlich zu denken, nicht auf. Führende Theaterverwaltungsleute, wie der Hamburger Operndirektor Rolf Mares, plädieren seit längerer Zeit schon für eine privatrechtliche Organisationsform des Theaters, etwa in Form einer AG oder einer GmbH. Diese Form bietet – bei höherer wirtschaftlicher Verantwortung der Theaterleitung – in einem Maße Flexibilität der Betriebsführung, daß wahrscheinlich schon allein durch den Wechsel der Organisationsform finanzielle Mittel in erheblichem Maße eingespart werden könnten und darüber hinaus die Einheitlichkeit der Theaterführung gewährleistet wäre. Diese Organisationsform würde keine geringere Kontrolle durch den Geldgeber bedeuten müssen, der ja die Vergabe der Mittel einem aufsichtsratähnlichen Gremium übergeben könnte. Bei den öffentlichen Verkehrsbetrieben, die heute ja auch fast durchweg nur noch mit Subventionen zu betreiben sind, hat sich diese Betriebsform schon längst bewährt, im Theaterbereich ist sie bislang nur an wenigen Häusern verwirklicht[2].

Der Sozialstatus der Bühnenmitglieder

Ein Musiktheater ist heute – jeweils abhängig von der Größe – Arbeitgeber für bis zu 2000 Menschen, also durchaus einem mittelständischen bis großen Unternehmen vergleichbar. Anders aber als in der Wirtschaft gibt es für die an einem Opernhaus tätigen Menschen die verschiedensten Vertrags- und Beschäftigungsformen. An einem durchschnittlichen Theater gibt es heute bis zu acht verschiedene Beschäftigungsgruppen[3]:

1. Beamte in Verwaltung und Technik
2. Angestellte, bezahlt nach dem Bundesangestelltentarif, in Verwaltung und Technik
3. Orchestermusiker, bezahlt nach der Tarifvereinbarung Kulturorchester
4. Chorsänger, angestellt nach dem Normalvertrag Chor
5. Bühnentechniker nach Bühnentechnikertarif
6. Tänzer, beschäftigt nach Normalvertrag Ballett
7. Kapellmeister, Sänger, Regisseure, Bühnenbildner, Dramaturgen, beschäftigt nach Normalvertrag Solo
8. Solisten im frei ausgehandelten Vertrag.

Dabei handelt es sich jeweils um präzise ausgearbeitete Vertragswerke, die den Arbeitsumfang, das Gehalt, die Beschäftigungsdauer, aber auch das berufliche Ansehen regeln. „Hierbei gilt auf der einen Seite das Merkmal der Sicherheit, auf der anderen Seite das der künstlerischen Einzelleistung. Es ergibt sich fast so etwas wie ein reziproker Vergleich: Je größer die künstlerische Einzelleistung, desto geringer der primäre Sozialschutz"[4].

Am meisten wirtschaftlich gesichert sind dabei die Beamten und Angestellten in der Verwaltung und Technik, die zumeist unkündbar sind und denen – wie anderen Beschäftigten des öffentlichen Dienstes – die sozialen Errungenschaften unserer Gesellschaft zustehen, wie die 40-Stundenwoche, tariflich geregelte Freizeit und Urlaubszeit – nur, daß das Theater, als ein Bildungs- und Unterhaltungsinstitut, gerade in jener Zeit zu

[2] vgl. dazu die Aufsätze von Rolf Mares: „Betriebsformen des heutigen Musiktheaters", S.69–71, und von Hanns Maier: „Die Situation der Musiktheater-Betriebsformen", S.72–77, in: Strukturprobleme des Musiktheaters in der Bundesrepublik Deutschland, herausgegeben vom Forschungsinstitut für Musiktheater der Universität Bayreuth. Bayreuth 1978.

[3] zit. nach dem Aufsatz von Andreas Behr: „Sozialgefüge der deutschen Musiktheater", in: Strukturprobleme . . ., a.a.O., S.78.

[4] Behr, a.a.O., S.78.

spielen, zu arbeiten hat, die für alle anderen Bürger Freizeit ist. Gleichwohl hat dies zur Folge, daß Verwaltung und Werkstätten zumeist den üblichen Arbeitszeiten sich anpassen und daher von Freitag nachmittags bis Montagfrüh nicht arbeiten – in jener Zeit, in der das Theater 50% seiner Vorstellungen absolviert. Arbeitsrechtlich und durch Tarifvertrag abgesichert sind darüber hinaus auch all jene Theaterbeschäftigten, die sich – nach Tätigkeitsmerkmalen – in Gruppen zusammenfassen: also der Chor, das Orchester, die Bühnentechniker. Auch hier haben die Gewerkschaften in den letzten Jahren für die wirtschaftliche Absicherung ihrer Mitglieder zu sorgen gewußt – nicht immer durchweg im Hinblick auf künstlerische Gründe. Ein Orchestermusiker ist heute durch sein Gehalt zumeist sehr viel besser gestellt als ein Sänger oder Kapellmeister, und nach einer gewissen Zeit der Zugehörigkeit zu einem Theater ist er – unabhängig von der künstlerischen Qualität – auch nicht mehr kündbar. Daß sich diese im Sinne des einzelnen Musikers durchaus zu begrüßende Sicherstellung vielfach nicht mit den Fragen der künstlerischen Qualität vereinbaren läßt, daß dies darüber hinaus zu einer fast beamtenmäßigen Haltung vieler Orchestermusiker gegenüber ihrer Arbeit geführt hat, ist nicht zu leugnen. Hinzu kommt die Arbeitszeitregelung, die – durch garantierte Ruhezeiten, aber auch durch mitgeschleppte, unüberprüfte Bühnenbräuche – vielfach zu einem Betriebskorsett führt, das „zwangsläufig unwirtschaftlich und unkünstlerisch zugleich ist“[5].

Diesen sozial und wirtschaftlich gesicherten, weil gegenüber dem Arbeitgeber starken Gruppierungen innerhalb des Theaters stehen jene Bühnenmitglieder gegenüber, die – als Dirigenten, Regisseure, Bühnenbildner, Sänger und Schauspieler – das Bild des Hauses prägen, die aber – als Einzelpersonen – in der wirtschaftlich schwächeren Situation sind. Für sie gibt es zwar einen – inzwischen längst überholungsbedürftigen – Normalvertrag, aber weder tarifrechtliche noch die Laufdauer des Vertrages regelnde Vorschriften. Die Höhe des Gehaltes und die Laufdauer des Vertrages, der prinzipiell ein Zeitvertrag bleibt, sind frei aushandelbar und unterliegen dem marktwirtschaftlichen Gesetz von Angebot und Nachfrage; dies kann für den einzelnen Sänger positiv sein, wenn er – ungeachtet von tarifrechtlichen Einschränkungen – eine seiner künstlerischen Leistung entsprechende hohe Vergütung aushandeln kann, das ist ausgesprochen nachteilig jedoch für ältere Künstler, die den Zenit ihres Könnens überschritten haben, die ihr Fach nicht mehr erfüllen können, und auf der anderen Seite auch für den Nachwuchs, der – angesichts großer Konkurrenz – vielfach mit geringen Anfangshonoraren zufrieden sein muß. Ein paar Zahlen: während ein Orchestermusiker nach ein paar Dienstjahren in einem Kulturorchester, ohne Zulagen für solistische Tätigkeit oder Position, heute in der Regel auf ein Jahresgehalt von 30000 bis 40000 DM rechnen kann, muß ein Fachsänger an demselben Theater, der ebenfalls schon Berufserfahrung hat, bisweilen noch mit Bruttojahresgehältern zwischen 15000 und 20000 DM auskommen, ja, bei Anfängern an kleinen Theatern – etwa bei jungen Sängern, aber auch bei jungen Kapellmeistern, die als Korrepetitoren eingestellt werden, oder bei Regie-Assistenten – übersteigt das Monatsgehalt bisweilen nicht einmal 1000 DM. Berücksichtigt man dabei, daß all diese Künstler ja

[5] Behr, a.a.O., S.79.

zumeist ein Hochschul- oder Fachhochschulstudium absolviert haben, also zumeist Mitte zwanzig sind, wenn sie mit dem Berufsleben beginnen, und – besonders gilt dies für Ballettänzer, in geringerem Maße aber auch für Sänger – damit rechnen müssen, daß nach fünfzehn, zumindest aber nach fünfundzwanzig Berufsjahren die Erwerbsmöglichkeit im erlernten Beruf unmöglich wird, so ist die soziale Stellung des Theaterangehörigen deutlich schlechter als die vergleichbarer Berufe in der Wirtschaft oder im öffentlichen Dienst. Das Hamburger Institut für Projektstudien hat 1975 eine im Auftrag der Bundesregierung erstellte sozialwissenschaftliche Studie erstellt, die den Sozialstatus des Künstlers in der Bundesrepublik Deutschland untersucht. Dabei kommen die Autoren Karla Fohrbeck und Andreas Johannes Wiesand[6] zu dem Ergebnis, daß das Durchschnittsbruttoeinkommen des Künstlers, bezogen auf das Jahr 1972, bei etwa 22000 DM liegt; verglichen mit anderen Berufen, die eine ähnlich lange und qualitativ vergleichbare Ausbildung benötigen, wie dem des mittleren Beamten, des Lehrers, des Ingenieurs, liegen die künstlerischen Berufe damit um bis zu 35% unter den Einkommen aus Wirtschaft und öffentlichem Dienst, und auch die Altersversorgung ist schlechter geregelt.

All dies mag jenen Theaterbesucher, der sich abends in seinem Parkettsessel zurücklehnt, um sich unterhalten zu lassen, wenig interessieren – zu Recht; gleichwohl liegen in diesen Bereichen – in der Organisationsform, im Betriebsablauf und in der sozialen Sicherung der Bühnenmitglieder Schwierigkeiten und Probleme, die sich oft einem optimalen, allseits vertretbaren künstlerischen Ergebnis in den Weg stellen.

Berufsaussichten und künstlerischer Nachwuchs

An den vierundfünfzig deutschen Opernhäusern sind derzeit im künstlerischen Bereich etwas über 11000 Personen beschäftigt, und zwar gliedert sich diese Zahl in knapp 2000 Vorstände (vom Intendanten bis zum Regieassistenten), etwa 2000 Gesangssolisten, etwa 2000 Chormitglieder, etwa 1400 Ballett-Tänzer und etwa 4000 Orchestermitglieder; von diesen Bühnenangehörigen dürften – nach einer groben Schätzung – je nach Theater zwischen 25 und 40% Ausländer sein, die zum Teil bereits seit vielen Jahren in der Bundesrepublik Deutschland arbeiten; im Bereich der Dirigenten und Solisten sind von diesen Ausländern wiederum gut 50% aus den Vereinigten Staaten und ein größerer Prozentsatz aus den Ostblockländern, in Chor und Orchester überwiegen die Mitglieder aus Ostblockländern sowie zunehmend aus Japan. Für sie alle ist die musiktheatralische Sondersituation in der Bundesrepublik Deutschland der Anlaß gewesen, hierher zu kommen: nirgendwo anders gibt es so viele Musiktheater, nirgendwo anders auf der Welt werden so viele Sänger und Instrumentalisten benötigt. Auf der anderen Seite können die bundesdeutschen Opernhäuser schon lange nicht mehr ohne die Arbeit von Ausländern auskommen, und zwar aus mehreren Gründen: zum einen ist der Nachwuchs im eigenen

[6] Karla Fohrbeck und Andreas Johannes Wiesand: Der Künstler-Report. München 1975.

Land rein quantitativ nicht groß genug, und zum zweiten ist er – das mag mancher vielleicht nicht gern hören – vielfach so schlecht ausgebildet, daß er den notwendig hohen Eingangsqualifikationen nicht entspricht. Die Opernhäuser überall auf der Welt – bis hin in die Provinz – sind heute bei ihrem Publikum dem unfairen, aber bestehenden und sich verstärkenden Vergleich zur technischen Perfektion des Fernsehens, des Hörfunks, der Schallplatte ausgesetzt, und dies bedeutet – auch in den sogenannten Provinztheatern – den Zwang zu immer höherer Qualität. Man mag über die Produktionen kleinerer Opernbühnen bisweilen etwas mitleidig lächeln; so viel ist aber sicher: das künstlerische Niveau, das heute auch dort erreicht ist, übersteigt jenes, wie es vielleicht vor dreißig Jahren an manchem Staatstheater in Repertoirevorstellungen üblich war, recht deutlich, und zu danken ist dies auch und vielfach in erster Linie den an unseren Opernhäusern arbeitenden Ausländern, die – wie besonders die Amerikaner – im eigenen Land zwar zumeist sehr gut ausgebildet werden, aber dann wegen der wenigen Opernhäuser kaum eine Chance zum Engagement haben und so in die Bundesrepublik Deutschland kommen. Der mangelnde Nachwuchs im eigenen Lande, speziell im Bereich der Sänger, aber auch der Orchestermusiker, ist auf verschiedene Ursachen zurückzuführen: zum einen – das hat die Untersuchung über den Sozialstatus des künstlerischen Bühnenmitglieds gezeigt – ist der Beruf des Opernsängers, des Chorsängers oder – mit Abstrichen – des Orchestermusikers wirtschaftlich nicht unbedingt interessant, und auch das sicher zu berücksichtigende Sozialprestige fehlt vielfach; da wird zwar – im Bild der öffentlichen Meinung – der jeweilige ‚Star' angehimmelt, aber der Beruf des Musikers hat immer noch einen leichten Anflug von Unseriosität. Weit wichtiger aber scheint mir – und hierauf hat Ursula Geller, die Leiterin der Zentralen Bühnenvermittlungsstelle, in einem Aufsatz hingewiesen[7] – die Vielzahl der Mängel in der Sänger- und der Instrumentalistenausbildung zu sein. Während der deutsche Orchestermusiker in vielen Bereichen dank der intensiven Nachwuchsförderung durch Wettbewerbe, frühzeitige Auswahl und gezielte Förderung wieder an Niveau gewonnen hat und mit der ausländischen Konkurrenz teilweise wieder mithalten kann, ist es bei der Sängerausbildung noch sehr viel schwieriger. Derzeit werden an 15 deutschen Musikhochschulen in Lübeck, Hamburg, Berlin, Hannover, Detmold, Essen, Köln, Frankfurt, Karlsruhe, Saarbrücken, Heidelberg-Mannheim, Würzburg, Stuttgart, Trossingen und Freiburg Opernsänger ausgebildet, daneben gibt es Opernklassen an Fachakademien in Köln, Kassel, Darmstadt und Nürnberg. Aber nicht nur, daß der Ausbildungsgang von Institut zu Institut verschieden ist, bisweilen 6, bisweilen 8 Semester umfaßt: hinzu kommt die Praxisferne des Studiums: der werdende Opernsänger hat generell zu wenig Unterricht in seinem Hauptfach, er hat keinen oder zu wenig szenischen Unterricht, er wird in wichtigen Fachbereichen wie Operette und Musical zumeist überhaupt nicht speziell ausgebildet. Derart unfertig hat er sich dann der perfekt ausgebildeten ausländischen Konkurrenz zu stellen und kann – trotz seiner Beherrschung der deutschen Sprache – zumeist nicht mithalten. Bei den Chorsängern entsteht ein weiteres Problem: abgesehen von drei

[7] Ursula Geller: „Sängerausbildung im luftleeren Raum", in: Strukturprobleme . . ., a.a.O., S. 121–125.

Musikhochschulen bilden die übrigen Institute nur Solisten aus: heute sind aber die Anforderungen an einen Berufschorsänger vielfach gänzlich andere als die an einen Solisten[8], und abgesehen davon, daß sich ein junger Mensch, der sich eine große Solistenkarriere erträumt hat, nur ungern auf den harten Boden eines Opernchores zurückholen läßt – schließlich ist die Bezahlung, die bisweilen bis zu 40% unter der eines vergleichbaren Orchestermusikers liegt, nicht gerade verlockend – die darstellerischen Anforderungen sind hier vielfach höher als bei einem jungen Solisten, den man seiner Stimme wegen engagiert und den man dann darstellerisch noch ‚hinzubiegen' einige Hoffnung hat. Inzwischen gibt es an den Opernhäusern in Düsseldorf, Köln und München angegliederte Nachwuchsstudios, in denen einer ausgewählten Gruppe von jungen Sängern jene Bühnenpraxis nahegebracht wird, die die Hochschulausbildung bis heute versäumt; aber diese Institute können auch nur – soll die Ausbildung effektiv sein – eine kleine Zahl von Sängern aufnehmen. Soll der deutsche Sängernachwuchs – von Ausnahmen und besonders Begabten jeweils abgesehen – irgendwann wieder konkurrenzfähig werden, so muß man die Ausbildung grundlegend umgestalten und praxisnah sowie viel intensiver gestalten.

Der Spielplan

Der Spielplan des Musiktheaters heute ist nicht unbedingt ein bundesdeutsches Problem – der Vorwurf des Opern-Museums, das lediglich einen knappen historischen Ausschnitt zwischen 1784 (Mozarts „Entführung") und 1911 (Strauss' „Rosenkavalier") präsentiere, gilt für die Bühnen in anderen Ländern ebenso.

Die meistgespielten Stücke

Oper

34 von etwa 750 Opern kamen auf mehr als 2000 Aufführungen zwischen 1947 und 1975. Mozarts Opern sind gut plaziert. Auffallend ist die hohe Aufführungszahl von „Zar und Zimmermann" von Lortzing. Stark ist der Typ der Spieloper vor allem unter den Werken mit mehr als 4000 Vorstellungen vertreten, ein Hinweis auf das Theatersystem mit vielen mittelgroßen Bühnen in der Bundesrepublik Deutschland.

Die Zauberflöte (Mozart)	6142	Madame Butterfly (Puccini)	4759
Die Hochzeit des Figaro (Mozart)	5461	Der Barbier von Sevilla (Rossini)	4479
Carmen (Bizet)	4968	Die Entführung aus dem Serail (Mozart)	4454
La Bohème (Puccini)	4888	Der Freischütz (Weber)	4384
Zar und Zimmermann (Lortzing)	4828		

[8] vgl. dazu den Aufsatz des Stuttgarter Chordirektors Ulrich Eistert: „Nachwuchsprobleme bei Berufschören", in: Strukturprobleme . . ., a. a. O., S. 126–132.

Fidelio (Beethoven)	4357
Rigoletto (Verdi)	4252
Tosca (Puccini)	4177
Der Troubadour (Verdi)	4054
La Traviata (Verdi)	3907
Der Wildschütz (Lortzing)	3739
Die verkaufte Braut (Smetana)	3725
Aida (Verdi)	3594
Hoffmanns Erzählungen (Offenbach)	3582
Così fan tutte (Mozart)	3488
Don Giovanni (Mozart)	3439
Der Bajazzo (Leoncavallo)	3418
Der fliegende Holländer (Wagner)	3349
Hänsel und Gretel (Humperdinck)	3253
Cavalleria rusticana (Mascagni)	3068
Ein Maskenball (Verdi)	2771
Die lustigen Weiber von Windsor (Nicolai)	2732
Der Rosenkavalier (Strauss)	2603
Der Waffenschmied (Lortzing)	2571
Martha (Flotow)	2471
Othello (Verdi)	2437
Don Pasquale (Donizetti)	2340
Die Macht des Schicksals (Verdi)	2331
Tannhäuser (Wagner)	2267
Don Carlos (Verdi)	2247

Operette

Bei den Operetten herrschen die Klassiker unter den ersten 23 von insgesamt mehr als 400 Werken vor.

Die Fledermaus (Strauß)	7246
Die lustige Witwe (Lehár)	6637
Das Land des Lächelns (Lehár)	6338
Der Zigeunerbaron (Strauß)	6023
Gräfin Mariza (Kálmán)	5846
Die Csardasfürstin (Kálmán)	5801
Der Vogelhändler (Zeller)	5217
Wiener Blut (Strauß)	4969
Der Bettelstudent (Millöcker)	4881
Im weißen Rössl (Benatzky)	4644
Maske in Blau (Raymond)	3774
Der Graf von Luxemburg (Lehár)	3609
Der Zarewitsch (Lehár)	3504
Eine Nacht in Venedig (Strauß)	3444
Das Schwarzwaldmädel (Jessel)	3370
Paganini (Lehár)	3059
Der Vetter aus Dingsda (Künneke)	3018
Die Zirkusprinzessin (Kálmán)	2362
Viktoria und ihr Husar (Abraham)	2322
Gasparone (Millöcker)	2249
Die Blume von Hawaii (Abraham)	2165
Der Opernball (Heuberger)	2049
Orpheus in der Unterwelt (Offenbach)	2037

Musical

Das wesentlich jüngere Musical läßt sich in der Anzahl der Aufführungen nicht mit der Oper und der Operette vergleichen. Deshalb führt die Tabelle Werke mit mehr als 300 Aufführungen auf, denn nur 4 kamen über 2000.

My Fair Lady (Loewe)	4532
Das Feuerwerk (Burkhard)	3937
Kiss me, Kate (Porter)	3168
Irma la Douce (Monnot)	2106
Hallo, Dolly! (Herman)	1321
Prairie-Saloon (Olias)	1056
Annie, Get Your Gun (Berlin)	734
Anatevka (Bock)	539
Stop the World (Newley)	450
Das musikalische Himmelbett (Schmidt)	433
Show Boat (Kern)	416

Ehe in Paris (Fényes)	402	Wonderful Chicago (Niessen)	337
Can-Can (Porter)	366	Heimweh nach St. Pauli (Olias)	302

Aufführungszahlen der musikalischen Werke 1955–1975.

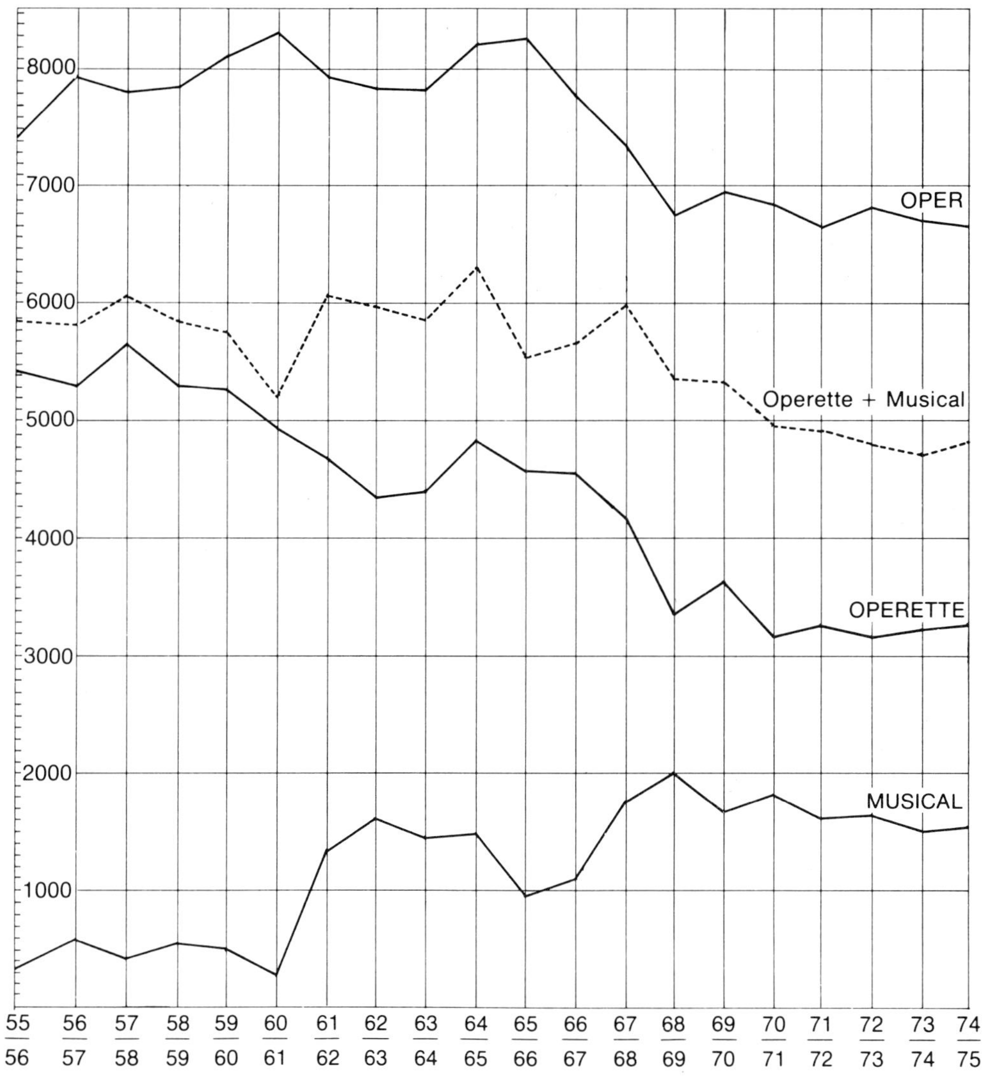

Flensburg
Kiel
Lübeck
Hamburg
Bremerhaven
Lüneburg
Oldenburg
Bremen
Hannover
Berlin
Osnabrück
Braunschweig
Detmold
Hildesheim
Münster
Bielefeld
Oberhausen
Gelsenkirchen
Dortmund
Essen
Hagen
Krefeld
Düsseldorf
Wuppertal
Kassel
Köln
Aachen
Bonn
Gießen
Koblenz
Frankfurt
Wiesbaden
Coburg
Hof
Mainz
Trier
Darmstadt
Würzburg
Kaiserslautern
Mannheim
Saarbrücken
Heidelberg
Nürnberg
Karlsruhe
Regensburg
Pforzheim
Stuttgart
Passau
Ulm
Augsburg
München
Freiburg

Der Deutsche Bühnenverein, der Bundesverband Deutscher Theater, veröffentlichte 1978 unter dem Titel „Was spielten die Theater?"[9] eine die Jahre 1947 bis 1975 umfassende Spielplanstatistik und Spielplan-Bilanz, die – wegen des fast dreißig Jahre umfassenden Berichtszeitraums und der ausführlichen Kommentierung – abseits von kurzlebigen Moden und aktuellen Trends Aussagen zuläßt über die Spielplan-Struktur der bundesdeutschen Musiktheater, gemessen an dem fast unübersehbaren Repertoire von Werken aus knapp vierhundert Jahren Operngeschichte. Betrachtet man die Graphik der Aufführungszahlen der einzelnen Sparten für den Zeitraum der Jahre 1955 bis 1975, so zeigt sich, daß in dieser Zeit die Zahl der Opernaufführungen generell etwas abgenommen hat – von durchschnittlich über achttausend Aufführungen pro Jahr an allen deutschen Musiktheatern zu knapp siebentausend pro Jahr – der überall zu verspürende Aufwärtstrend der letzten Jahre ist hier noch nicht verzeichnet. Im Bereich der Operette hat sich – was manche, die immer noch die Vielzahl der Operettenaufführungen beklagen, erstaunen mag – die Zahl der Aufführungen pro Jahr seit 1955 fast halbiert, das Musical dagegen hat – wenn auch nur langsam – an Boden gewonnen. Von den insgesamt etwa knapp 800 Opern, die zwischen 1947 und 1975 an deutschen Theatern aufgeführt wurden, kamen nur 34 auf mehr als 2000 Aufführungen, und wenn man die Liste dieser Werke studiert, so bestätigt sich der vielerorts vorgetragene Standpunkt, unser heutiger Opernspielplan sei eigentlich einer des 19. Jahrhunderts[10]. Mozart, Verdi, Wagner, Puccini und Richard Strauss stehen an der Spitze, daneben die Werke von Bizet, Rossini, Lortzing, Weber, Beethoven, Smetana und Donizetti. Zu den Spielplan-Seltenheiten gehören immer noch das gesamte Gebiet der Barockoper, wo in jüngster Zeit bei Monteverdi eine vorsichtige Renaissance zu verspüren ist, Komponisten wie Gluck und Händel jedoch fast ganz zu verschwinden scheinen. Der Opernkomponist Joseph Haydn bedarf wohl noch der Wiederentdeckung, während bei Mozart nicht nur die fünf großen Werke, sondern eigentlich das gesamte musikdramatische Œuvre im Spielplan auftaucht.

Die Mozart-Zeitgenossen Cimarosa, Paisiello, Dittersdorf oder Cherubini werden kaum aufgeführt, und bei dem wiederentdeckten Rossini konzentriert man sich auf den „Barbier von Sevilla", während seine anderen komischen Opern relativ selten, seine ernsten Opern überhaupt nicht gespielt werden. Das 19. Jahrhundert ist in erster Linie mit der italienischen Belcanto-Oper vertreten, auch hier konzentriert auf zwei Komponisten – auf Verdi, den mit insgesamt mehr als 30000 Aufführungen in der Zeit zwischen 1947 und 1975 überhaupt meistaufgeführten Komponisten in der Bundesrepublik, und auf Donizetti. Aus dem deutschen Sprachbereich spielen neben Beethovens „Fidelio" nur Webers „Freischütz" und einige Lortzing-Spielopern eine größere Rolle; die Opern von Schubert,

[9] Dieter Hadamczik, Jochen Schmidt und Werner Schulze-Reimpell: Was spielten die Theater? Bilanz der Spielpläne in der Bundesrepublik Deutschland 1947–1975. Dieser Publikation ist die Graphik auf S. 79 und die Werkstatistik auf S. 77–79 entnommen.

[10] vgl. dazu die Aufsätze von Carl Dahlhaus: „Opernrepertoire und historisches Bewußtsein", S. 133–139, Ludwig Finscher: „Anmerkungen zum ‚idealen Spielplan'", S. 140–141, Dietrich Steinbeck: „Der Spielplan als Ergebnis seiner geschichtlichen Entwicklung", S. 142–153, und Joachim Klaiber: „Der ‚dramaturgisch konzipierte' Spielplan und die Moderne", S. 161–168, jeweils in: Strukturprobleme . . ., a. a. O.

Spohr, Schumann oder Marschner scheinen vergessen. Auch die französische Oper des 19. Jahrhunderts ist eigentlich nur mit zwei Werken repräsentativ und häufig vertreten: mit Bizets „Carmen" und Offenbachs „Hoffmanns Erzählungen": Meyerbeer, Berlioz, Halévy, Gounod, Saint-Saëns, Massenet – aber auch die früher so beliebte Spieloper mit Werken von Auber, Boieldieu, Adam – all diese Stücke fehlen fast völlig. Wagners Werk ist regelmäßig vertreten – die drei romantischen Opern „Holländer", „Tannhäuser" und „Lohengrin" führen die Aufführungsstatistik an, relativ häufig gespielt werden auch „Die Meistersinger von Nürnberg" und „Tristan". Die übrigen Opernwerke des späten 19. Jahrhunderts aus dem deutschen Bereich sind bis auf Humperdincks „Hänsel und Gretel" ebenfalls fast verschwunden. Der Opern-Verismo konzentriert sich weitgehend auf Puccini, während „Bajazzo" und „Cavalleria rusticana" immer mehr zurückgedrängt werden. Der slawische Bereich ist mit Tschaikowskys „Eugen Onegin", mit Mussorgskis „Boris Godunow" und mit Smetanas „Verkaufte Braut" in der Opern-Hitliste vertreten; die Werke von Janáček gewinnen langsam an Boden. Mit Richard Strauss ist schon der ‚jüngste' Opernkomponist des Repertoires erreicht – von ihm spielte man den „Rosenkavalier", „Salome", „Ariadne auf Naxos" und „Arabella" relativ häufig. Die übrige Musik des 20. Jahrhunderts ist zwar – mit Werken von Orff, Strawinsky, Egk, Britten und Alban Berg – mit bis zu 2000 Aufführungen innerhalb von dreißig Jahren Musiktheatergeschichte vertreten, spielt aber leider immer noch eine untergeordnete Rolle, und für die Avantgarde, für die Werke des Musiktheaters, die nach 1945 entstanden, haben sich – statistisch unerheblich – jeweils nur einzelne Bühnen interessiert. So gab es von dem – sicherlich außerordentlich schwierig zu realisierenden – bedeutendsten musiktheatralischen Werk seit Alban Berg, von Bernd Alois Zimmermanns Oper „Die Soldaten", seit der Uraufführung im Jahre 1965 lediglich etwa 80 Aufführungen, verteilt auf sechs Bühnen: auf Köln, Kassel, München, Düsseldorf, Nürnberg und Hamburg.

Auch im Bereich der Operette liegt das Schwergewicht der Aufführungen bei den klassischen Werken von Johann Strauß und Franz Lehár, während die eher satirisch-parodistischen Offenbach-Werke in der Bundesrepublik Deutschland überraschend selten gespielt werden; nur seine Antiken-Parodie des „Orpheus in der Unterwelt" hat innerhalb von mehr als dreißig Jahren Aufführungsgeschichte mehr als 2000 Aufführungen erlebt. Im Bereich des Musicals zeigt sich, daß sich auch hier die inzwischen ‚klassischen' Stücke – „My Fair Lady", „Feuerwerk", „Kiss me, Kate" und „Irma la Douce" – durchgesetzt haben, daß aber neuere Stücke – beim Import aus den USA ebenso wie bei europäischen Produktionen – nur sehr schwer Eingang in den Spielplan und ins Repertoire finden.

Summiert man diese Erfahrungen, so stellt sich schnell heraus, daß die Spielpläne deutscher Opernbühnen fast durchweg geprägt sind von einer Risikofeindschaft, die ebenso auf den scheuen Blick zum Kassenrapport wie auf die Neuheiten-Angst des Opernpublikums zurückzuführen sind – und dies gilt für historische ‚Ausgrabungen' ebenso wie für das Engagement für die neue Musik. Der überall und immer wieder reproduzierte Grundstock des Opernspielplans ist zusammengeschrumpft auf etwa 30 Werke, mit den unverrückbaren Positionen der Werke von Mozart, Verdi, Lortzing und

Puccini, mit Wagner, Strauss und einigen Spielopern im Gefolge. Und wenn man die generelle Tendenz in den letzten Jahren verfolgt, so besteht die Befürchtung, daß dieses ohnehin lächerlich schmale Repertoire noch weiter zu schrumpfen droht. Was ist zu tun? Zum einen dürfte es darum gehen, in den Vorständen der einzelnen Opernhäuser den Mut zum begrenzten Risiko wieder mehr zu pflegen. Die Tendenz zum Opernbesuch ist in den letzten Jahren generell angestiegen – an vielen Häusern übersteigt die Platzausnutzung bereits die 90 %, an vielen anderen mußten – um überhaupt noch Karten für den freien Verkauf zu behalten – die Abonnements-Listen geschlossen werden. Für einen Intendanten, der sich als Leiter eines Bildungsinstituts versteht und der zudem berücksichtigt, daß Subventionen ja nicht gezahlt werden für Operettenaufführungen, die sich selbst tragen würden, sondern zur Pflege eines breiten Repertoires musikgeschichtlicher Werke und neuer Stücke, müßte diese erhöhte Nachfrage die Chance bieten, bei einer durchschnittlichen Premierenzahl von acht bis neun Stücken pro Spielzeit jeweils drei Werke einzusetzen, die – ob historische Ausgrabung, ob neues Werk – ein gewisses Risiko im Hinblick auf den Besuch einkalkulieren, dafür aber das Theater davor bewahren, zu versteinern, unbeweglich zu werden, reaktionsunfähig gegenüber den Veränderungen der Gesellschaft, die es trägt.

Der Hamburger Komponist Diether de la Motte hat – in dem schon mehrfach zitierten Sammelband „Strukturprobleme des Musiktheaters in der Bundesrepublik Deutschland"[11] – mehrere hochinteressante und – da relativ unaufwendig – realisierbare Vorschläge zur Auflockerung des Spielplans gemacht. Er plädiert, was den Bereich der Neuen Musik angeht, für die Kombination aus Alt und Neu, für den – wie es in der Barockoper üblich war – intermezzohaften Einbau eines einaktigen, neuen Stückes in ein traditionelles. Das konventionelle Opernpublikum ist – wenn nicht gleich zur Neugier, so doch zur vorübergehenden Duldung des Neuen – gebeten, und auf diesem Wege ebnet man der Neuen Musik – wie im Konzertsaal schon seit längerer Zeit üblich – den Weg. Sein zweiter Vorschlag: die Aufführung von Opern-Ausgrabungen in werkstattmäßiger Form – ohne großen Regie- und Ausstattungsaufwand, eventuell gekürzt und mit einer erläuternden Einführung durch den Dramaturgen, eventuell nur mit Klavier. Sein Fazit: „Für mich stünde an erster Stelle die Erziehung des Opernpublikums zur geistigen Beweglichkeit und zur Lust am Abenteuer und die Erweckung seiner schöpferischen Phantasie durch Verzicht auf ständigen Ausstattungsüberfluß in allen Inszenierungen. Daß sich Frau Bäckermeister mit Geld behängt, muß man ihr nicht verbieten; es wird ihr selbst eines Tages als unangemessen erscheinen, wenn das Theater seinerseits an etlichen Spieltagen den Arbeitskittel anzieht. Ich bin sicher, daß das Opernpublikum gegen Neue Musik an sich wenig einzuwenden hat. Was wird nicht alles im Film, im Krimi vor allem, an Musik unbemerkt geschluckt, und, wenn bemerkt, gar akzeptiert! Das neue Orchesterwerk müßte es doch eigentlich ungleich schwerer haben als die neue Oper. Aber ein Konzertpublikum ist zur Beweglichkeit erzogen, während man in der Oper nicht

[11] Diether de la Motte: „Wunschzettel eines Komponisten – den Opernintendanten überreicht", in: Strukturprobleme . . ., a. a. O., S. 173–178.

zuhören, sondern wiederhören will. So bin ich sicher, daß die entscheidende Schlacht für die neue Oper nicht an der Front der Neuen Musik gewonnen werden kann, sondern in der Herstellung eines lebendigen Kontaktes zum älteren unbekannten Opernfundus. Wird das ältere unbekannte Opernwerk vom Publikum ohne Vorurteile geprüft und wird der vom Ritus abweichende Verlauf eines Opernwerkstattabends bereitwillig angenommen, so ist das Publikum fertig, das meine Kollegen und ich uns wünschen"[12].

Im Bereich der Neuen Musik haben verschiedene Opernhäuser einen anderen Weg zu gehen versucht, den des sogenannten „Opernstudios", des kleinen Experimentiertheaters. In der chronologischen Reihenfolge ihres Entstehens etablierten sich solche Studios in Kiel, München, Stuttgart, Braunschweig, Hamburg, Gelsenkirchen und Karlsruhe – also gleichermaßen in den großen Häusern wie in den mittleren Stadttheatern. Ausgangspunkt für diese experimentelle Arbeit waren zwei Dinge: zum einen die gerade bei vielen jüngeren Komponisten verbreitete Angst vor der abendfüllenden, die Dimensionen eines großen Hauses auslastenden Oper, denn darin sah man die Gefahr der Verfestigung, der Wiederholung längst obsolet gewordener Klischees. Der andere Grund war mehr handfest: experimentelles Musiktheater läßt sich – mit wenigen Sängern, wenigen Musikern, mit geringem finanziellen Aufwand – neben dem traditionellen Repertoire spielen, zumeist auch in Räumen, die nicht primär technisch optimal ausgerüstet sein müssen. Andererseits liegt – so wichtig das Studio-Experiment für die Komponisten wie für die Interpreten ist – in ihm die Gefahr des Ghettos, der Spezialistenveranstaltung, die dann auch nur von wenigen besucht wird und – da die überregionale Presse interessiert reagiert – vielfach als wohlfeiles Alibi dienen kann und somit den übrigen Spielplan von der ungeliebten Moderne zu entlasten hat. Vermag man jedoch dieser Gefahr dadurch zu begegnen, daß man die Studio-Arbeit in den Betrieb des Hauses integriert und sie langfristig als Aufbau-Arbeit für die Neue Musik auch auf der großen Bühne versteht, kann sie – gerade, weil sie noch nicht an die technischen und traditionellen Zwänge der großen Dimensionen, der Ausstattung, des Orchesterbetriebes gebunden ist – fruchtbare Überlegungen und Erprobungen in Gang setzen, die – und hierin liegt die Bedeutung für den Opernbetrieb generell – auch auf das traditionelle Repertoire, auf das Neu-Durchdenken alter Stoffe, alter Werke zurückzuwirken vermag[13].

Die Publikums-Struktur

Die Fülle der vorgefaßten Meinungen über den Besucher eines Musiktheaters ist bekannt: von Aussagen wie: „in den Theaterfoyers tummeln sich die Nerze", „die Oper ist ein Repräsentationsobjekt für eine minimale Schicht des Bildungsbürgertums", ist „ein Symbol großbürgerlichen Luxus", ist „nicht mehr zeitgemäß, erreicht nicht die Wirksamkeit der Massenmedien" kann jeder, der sich als Theatermacher oder Theaterbesucher mit

[12] de la Motte, a.a.O., S. 178.

[13] vgl. dazu: Carla Henius-Klaiber: „Opernstudio – musikalisches Experimentiertheater", in: Strukturprobleme . . ., a.a.O., S. 169–172.

dem Problem der Publikumsstruktur, der Wünsche und Abneigungen befaßt, ein Lied singen. Zwar machen es die steigenden Zuschauerzahlen gerade im Opernbereich heute eigentlich leicht, diese Problematik beiseite zu schieben, aber andererseits glaubt gerade die kulturpolitische „Spar-Mentalität" bei Stadträten und Gemeindepolitikern, bei Kulturdezernenten und Parteivorsitzenden dort ansetzen zu müssen, wo, wie man glaubt, nur das Bedürfnis eines elitären Zirkels befriedigt wird. Noch 1974 veröffentlichten drei führende Kulturpolitiker einen Sammelband, der sich – in der berechtigten Forderung nach größerer Förderung von Museen, Bibliotheken, Volkshochschulen – gegen die Förderung der Opernhäuser und Orchester wendete, mit eben den oben genannten Argumenten[14]. Das bereits mit seinem „Künstler-Report" zur sozialen Lage des Künstlers in der Bundesrepublik Deutschland zitierte Hamburger „Institut für Projektstudien" veröffentlichte nun vor wenigen Jahren eine „Opern-Studie"[15], die – und das war für viele der Opernfreunde und Opernverächter eine Überraschung – mit ausführlichem, demoskopisch ermitteltem Zahlenmaterial nachwies, daß die vieltradierten Meinungen über die Oper als elitäres Institut durchweg haltlos sind. „Weder empfindet die Bevölkerung die Oper als überflüssiges und elitäres, durch ‚moderne Medien' überholtes Kulturangebot, noch läßt sich die These von nur 5% an diesem Angebot Interessierten aufrechterhalten: $^1/_5$ der Bevölkerung (21%) hat in den letzten 12 Monaten Opern-, Operetten-, Musical- und Ballettaufführungen besucht, weitere 27% bedauerten, ein Musiktheater wegen zu großer räumlicher Entfernung (15%) oder aus anderen, meist finanziellen Gründen nicht besuchen zu können – nicht einmal $^1/_3$ ist generell am Besuch uninteressiert"[16].
Damit dürfte sowohl den aufs Rationalisieren wie aufs Sparen erpichten Stadtvätern wie den vermeintlich „progressiven" Kulturpolitikern, die die Oper durch sogenannte „alternative Kunstformen" zu ersetzen sich bemühten, der argumentative Boden entzogen worden sein. Denn es hat sich nicht nur gezeigt, daß weit mehr als 40% am Musiktheater interessiert sind: von den erfaßten 21% der Besucher gehören eben nicht die Mehrzahl dem sogenannten Bildungsbürgertum an, im Gegenteil: anders als im Sprechtheater haben 54% der Opernbesucher keine weiterführende Schule besucht, ist zudem der Altersdurchschnitt der Besucher – und auch hier zeigt sich ein falsches Vorurteil – durchweg geringer als der der Gesamtbevölkerung; lediglich im Bereich der Operette ist dies anders, und damit – mit dem altersbedingten Ausscheiden eines spezifischen Operettenpublikums – läßt sich wahrscheinlich auch zum Teil die Verringerung der Operetten-Aufführungszahlen in den letzten zwanzig Jahren erklären. Wie sehr jedoch – auch dies hat die „Opern-Studie" ergeben – der Opernbesuch abhängig ist von anderen, insbesondere musikalischen Bildungsmöglichkeiten, erweist ein weiteres Ergebenis: „Offenkundig positiv könnte der Musiktheater-Besuch auch beeinflußt worden sein durch

[14] vgl. dazu besonders den Aufsatz des ehemaligen Dortmunder Kulturdezernenten Alfons Spielhoff: „Prioritäten städtischer Kulturpolitik", in: Plädoyers für eine neue städtische Kulturpolitik, herausgegeben von Olaf Schwencke, Klaus H. Revermann und Alfons Spielhoff. München 1974, S. 66–78.

[15] Karla Fohrbeck und Andreas Johannes Wiesand: Opern-Studie. Opladen 1978.

[16] Andreas Johannes Wiesand: „Musiktheater und sein Publikum", in: Strukturprobleme ..., a. a. O., S. 233–247, zit. S. 235.

neue Formen musikalischer Breitenarbeit, dabei insbesondere durch die Tätigkeit der Musikschulen, deren Zahl sich in den letzten zehn Jahren vervielfacht hat. Ganz deutlich ist ein Zusammenhang zwischen dem Vorhandensein dieser und ähnlicher Einrichtungen am Wohnort des Befragten und seiner Bereitschaft zum Besuch von Opern, Ballettaufführungen etc. zu beobachten. Es bestätigte sich auch, daß durch eine eigene, aktive musikalische Betätigung die Nutzung des kulturellen wie auch speziell des musikdramatischen Angebots besonders gefördert wird"[17].

Dieses Ergebnis weist – und auch hier ist man mittlerweile wohl zu der Einsicht gekommen, wie sehr gerade musische Bildung das fördern kann, was man seit einiger Zeit als „Lebensqualität" zu beschreiben sich bemüht – darauf hin, wie sehr die Möglichkeit zu musisch-künstlerischer Bildung für den einzelnen – in der Schule, aber auch in allen außerschulischen Bildungsmöglichkeiten – Voraussetzungen dafür schafft, daß die bestehenden kulturellen Bildungseinrichtungen – Opernhäuser, Theater, Museen, Bibliotheken – überhaupt genutzt werden können. Die vielbeschworene „Schwellenangst", die gerade den weniger Gebildeten angeblich vom Besuch dieser Einrichtungen abhält, läßt sich durch solch ein vermittelndes Bildungsangebot herabsetzen oder gar gänzlich beseitigen – eine Aufgabe, der sich insbesondere die Schulen anzunehmen hätten. Hier kann das Theater den Schulen entgegenkommen durch spezifizierte Angebote, hier muß aber – und hiermit sind die Schulen generell im Hintertreffen – solch ein Angebot erst einmal abgefragt, vorbereitet und angenommen werden. Wir erziehen uns nicht nur den künftigen Staatsbürger, Steuerzahler und Arbeitnehmer, sondern auch den zukünftigen Kulturbürger; es liegt also an uns, die Bereitschaft zum Opernbesuch, zum Theaterbesuch zu wecken und zu fördern.

Einzugehen ist noch auf die Besucher-Organisationen, auf die Volksbühnen, Theatergemeinden und eher kommerziellen Besucher-Vereine: fast jedes Theater in der Bundesrepublik bezieht einen großen Teil seiner Zuschauer – die Zahlen liegen zwischen 30% und 70% – durch das Abonnement – also durch die Verpflichtung des Besuchers, eine bestimmte Anzahl von Vorstellungen im Jahr (zumeist zwischen 12 und 8) zu besuchen; dafür bezahlt er einen günstigeren Preis, der zumeist bis zu 30% unter dem liegt, der für die entsprechende Anzahl der Eintrittskarten nach Tageskassen-Preisen zu bezahlen wäre. Dabei gibt es heute gleichermaßen feste Abonnements (mit festem Platz, festem Besuchstag und von vornherein feststehendem Programm) wie Wahl-Abonnement, die eine bestimmte Anzahl von Vorstellungen en bloc beinhalten, dabei jedoch nur die Platzgruppe, aber nicht den Besuchstag oder das Stück festschreiben. Diese Abonnements werden zum Teil über die Abonnement-Büros der Theater oder der Theaterträger abgewickelt, zu einem großen Teil aber auch über die genannten Besucher-Organisationen, die dem Theater en bloc 30000, 50000 oder gar 100000 Karten pro Spielzeit abnehmen und diese dann – zu ähnlichen Bedingungen – an ihre Mitglieder verteilen. Diese Organisationen sind am Ende des 19. Jahrhunderts entstanden, um den damals unterprivilegierten Bevölkerungsschichten den Theaterbesuch zu ermöglichen; so ist die

[17] Wiesand, a.a.O., S. 241.

Bewegung der Volksbühnen etwa zu sehen im Zusammenhang mit den Arbeiter-Bildungsvereinen, so die Theatergemeinden im Zusammenhang mit den Bestrebungen einer christlichen Soziallehre. Was sich heute – wo vielfach die politischen und ideologischen Gründe für die Existenz dieser Vereinigungen weggefallen sind – jedoch hier bisweilen vereinigt, sind reine Besucher-Organisationen, die ihre Mitglieder – abgesehen vom monatlichen gemeinsamen Besuch und bei auswärtigen Besuchern die An- und Abfahrt – nicht weiter kulturell betreuen, die aber – jeder Theaterleiter kann dies bestätigen – ihre wirtschaftliche Macht, die sie durch die Abnahme eines erheblichen Kartenkontingents ausüben, im Hinblick auf eine zumeist konservative, vermeintlich besucherfreundliche Spielplangestaltung einzusetzen versuchen, anstatt sich als verlängerter Arm des Theaters, als Propagator für die dramaturgischen und bildungspolitischen Ziele zu verstehen.

Musiktheater morgen

Unter diesem Titel veröffentlichte die deutsche Musikzeitschrift „Musica" 1975 ein Referat des Frankfurter Kulturdezernenten Hilmar Hoffmann, der heute zu den profiliertesten deutschen Kulturpolitikern gehört und der dieses Referat auf dem Internationalen Musiktheater-Kolloquium in Berlin hielt. Hoffmann bemühte sich darin, landläufige Vorurteile gegen die Oper aufzuklären und zu entkräften. Mit dem vermeintlichen Argument der zu geringen Bevölkerungsrelevanz haben wir uns schon auseinandergesetzt; im Zusammenhang damit erinnert Hoffmann zu Recht an den Auftrag der Realisierung von Chancengleichheit für jeden Bürger, den das Grundgesetz der Bundesrepublik Deutschland auferlegt. „Die Realisierungsmodi für die im Grundgesetz garantierte Chancengleichheit, die gleiche kulturelle Chancen und zu ihrer Verwirklichung eine entsprechende Bildungsgerechtigkeit fordern muß, sind durch den Charakter der Freiwilligkeit von Kulturaufgaben bereits eingeschränkt. Solange im Bewußtsein vieler öffentlicher Beschlußkörperschaften individuelle kulturelle Teilhabe nicht wie die Schulbildung selbstverständlich als konstitutives Lebenselement gilt, ist Kultur zu teuer"[18]. Die Oper dient – auch das haben wir bereits gesehen – nicht Bedürfnissen städtischer oder staatlicher Repräsentation, sondern objektiven Bedürfnissen der Bevölkerung; wo dies nicht der Fall ist, liegt es meist daran, daß der Qualitätsmaßstab den Publikumserwartungen nicht entspricht; hier ist es also Aufgabe, die Bemühungen zu intensivieren, nicht zu resignieren; für Qualität ist aber – wie überall, so auch hier – Geld notwendig. Dem vielfach zu hörenden Argument, Oper sei ein Relikt bürgerlicher Kultur, sie sei reaktionär und konservativ, hält Hoffmann entgegen:
„Die Oper an sich ist nicht reaktionär, erst die Spielplangestaltung, Interpretation und Stil der Inszenierungen können sie jeweils zu solcher Einschätzung diskreditieren.

[18] Hilmar Hoffmann: „Musiktheater morgen. Vorurteile gegen die Oper – aufgeklärt und entkräftet", hier zitiert nach dem Abdruck in: Musica, 29. Jg., 1975, S. 297–300, zit. S. 297.

Konservativ, also starr, ist nur jenes Opern-Institut, das sich einseitig für unreflektierte Inszenierungen sogenannter Klassiker oder deren historisierende Aufführung entscheidet und damit für die risikolose Anbiederung an den Geschmack eines konservativen Publikums, mit dem sie sich im Normenkodex der Koloraturen und Kantilenen und der entweder heilen oder heillosen, auf jeden Fall aber wirklichkeitsfremden Welt trifft"[19]. Und auf den Einwand, Oper sei einseitig kulinarisch, erwidert er:

„Das Kulinarische als Element der sinnlichen Vermittlung kann solange gar nicht hoch genug veranschlagt werden, als sich hohe Gesangskultur und optischer Reiz nicht verselbständigen und zusammen mit den Orchesterklängen die thematischen und sprachlichen Strukturen zuschütten . . . Dem Kulinarischen als notwendigem Transportmittel für Information hat übrigens kein Geringerer als Brecht vertraut, indem er heftigen Gebrauch davon machte. Gerade der kulinarische Aspekt der Musik zeigt die Chancen auf, mit Hilfe der einmaligen Wirkungsmöglichkeiten des Musiktheaters, nämlich mit der bacchantischen Sinnlichkeit, die Empfindungen des Zuhörers und Zuschauers zu mobilisieren und damit zu einer regenerierenden Sensibilisierung entscheidend beizutragen. Kulinarik ist somit das Vehikel für eine Renaissance der im Sinne Schillers ‚ästhetischen Erziehung des Menschen', ist Motor für Animation und kreative Spontaneität"[20]. Hoffmann resümiert:

„Das Musiktheater kann zu unserer verwissenschaftlichten, technisierten Welt eine Gegen-Welt herstellen, in der sich das ‚ganz andere' ereignet, nämlich das Exotische, Abenteuerliche und Nostalgische, das oft zu unserer Erlebniswelt Konträre, das unsere eindimensionale Perspektive auf reizvolle Weise irritiert"[21].

[19] Hoffmann, a.a.O., S. 298.
[20] Hoffmann, a.a.O., S. 299.
[21] Hoffmann, a.a.O., S. 300.

Literaturauswahl

a. allgemein

Anna Amalie Abert: Die Oper von den Anfängen bis zum Beginn des 19. Jahrhunderts. Köln 1953 (Das Musikwerk, Band 5).

Anna Amalie Abert, Hans Ehinger und Wilhelm Pfannkuch: Artikel „Oper“, in: Die Musik in Geschichte und Gegenwart, Band 10. Kassel 1962, Sp. 1–89.

Oscar Bie: Die Oper. Berlin 1913.

Donald J. Grout: Short History of Opera. London 1948.

Max Kalbeck: Opern-Abende. Geschichte und Kritik der Oper. 2 Bände. Berlin 1898.

Rudolf Kloiber: Handbuch der Oper. 2 Bände. Kassel 1973.

Hermann Kretzschmar: Geschichte der Oper. Leipzig 1919 (Kleine Handbücher der Musikgeschichte nach Gattungen, Band VI).

Harold Rosenthal und John Warrack: Oxford Companion of Opera. London 1964; deutsche Ausgabe, bearbeitet von Hans Otto Spingel, als: Friedrichs Opern-Lexikon. Velber 1969.

Helmut Schmidt-Garre: Oper. Eine Kulturgeschichte. Köln 1963.

Horst Seeger: Opernlexikon. Wilhelmshaven 1979.

Ulrich Weisstein (Hrsg.): The Essence of Opera. London 1964.

b. Deutsche Oper – einst

Renate Brockpähler: Handbuch zur Geschichte der Barockoper in Deutschland. Emsdetten 1964.

Charles Burney: Tagebuch einer musikalischen Reise 1772/73. Hamburg 1773.

Richard Engländer: „Dresden und die deutsche Oper im letzten Drittel des 18. Jahrhunderts“, in: Zeitschrift für Musikwissenschaft, Band III. 1920/21.

Siegfried Goslich: Die deutsche romantische Oper. Tutzing 1975.

Edgar Istel: Die moderne Oper (1883–1923). Leipzig 1923 (Aus Natur und Geisteswelt, Band 495).

Julius Kapp: Die Oper der Gegenwart. Berlin 1922.

Carl Niessen: Die deutsche Oper der Gegenwart. Regensburg 1944.

Kurt Reiber: Volk und Oper. Das Volkstümliche in der deutschen romantischen Oper. Würzburg 1942.

Ludwig Schiedermair: Die deutsche Oper. Grundzüge ihres Werdens und Wesens. Leipzig 1930.

Hans Michael Schletterer: Das deutsche Singspiel. Augsburg 1863.

Georg Friedrich Schmidt: „Zur Geschichte, Dramaturgie und Statistik der frühdeutschen Oper (1627–1750)“, in: Zeitschrift für Musikwissenschaft, Band V und VI. 1922/23 und 1923/24.

Werner Schulze: „Die Quellen der Hamburger Oper (1678–1738)“, in: Mitteilungen aus den Bibliotheken der Hansestadt Hamburg, N. F. Band IV. Hamburg 1938.

Hellmuth Christian Wolff: Die Barockoper in Hamburg. 2 Bände. Wolfenbüttel 1957.

c. Deutsche Oper – jetzt

Volker Bahn: Das subventionierte Theater der Bundesrepublik Deutschland. Berlin 1972 (Diss. phil. F.U. Berlin).

Hans Becker und Alexander Kluge: Kulturpolitik und Ausgabenkontrolle. Zur Theorie und Praxis der Rechnungsführung. Frankfurt 1961.

Hans Bergner: „Kulturbetriebe", in: Handwörterbuch der Betriebswirtschaftslehre. Stuttgart 1975, S. 2396–2406.

Hans Daiber: Theater – eine Bilanz. München 1965.

Charles W. Davies: Theatre – Audience – Organization. The example of Germany. Manchester 1972.

Deutscher Städtetag. Aufgaben und Finanzierung der städtischen Theater. Köln 1973.

Karla Fohrbeck und Andreas Johannes Wiesand: Der Künstler-Report. München 1975.

Karla Fohrbeck und Andreas Johannes Wiesand: Opern-Studie. Opladen 1978.

Gräfin Mariza oder Volkshochschule. Prioritäten in der Kulturpolitik. Berlin 1975 (Schriften der Dramaturgischen Gesellschaft, Band 5).

Dieter Hadamczik, Jochen Schmidt und Werner Schulze-Reimpell: Was spielten die Theater? Bilanz der Spielpläne in der Bundesrepublik Deutschland 1947–1975. Köln 1978.

Albin Hänseroth: Elemente einer integrierten empirischen Theaterforschung. Dargestellt an Entwicklungstendenzen des Theaters in der Bundesrepublik Deutschland. Frankfurt 1976.

Internationales Musiktheater-Colloquium. Hrsg. v. Dietrich Steinbeck. Berlin 1975.

Ludwig Jonas: Die Finanzierung der öffentlichen Theater in der Bundesrepublik Deutschland. Mainz 1972.

Music theatre in a changing society. Ed. by Jack Bornoff. Paris 1968 (Unesco Publication).

Werner Schulze-Reimpell: Entwicklung und Struktur des Theaters in der Bundesrepublik Deutschland. Herausgegeben vom Deutschen Bühnenverein in Zusammenarbeit mit Inter Nationes. Köln 1975, 1979.

Olaf Schwencke, Klaus H. Revermann und Alfons Spielhoff: Plädoyers für eine neue städtische Kulturpolitik. München 1974.

Die Stadt und ihr Theater. Loccum 1970 (Loccumer Protokolle 1970, 5).

Strukturprobleme. Einleitung von Ilka Boll. Berlin 1973 (Schriften der Dramaturgischen Gesellschaft, Band 1).

Strukturprobleme des Musiktheaters in der Bundesrepublik Deutschland. Herausgegeben vom Forschungsinstitut für Musiktheater der Universität Bayreuth. Bayreuth 1978.

Theaterstatistik. Herausgegeben vom Deutschen Bühnenverein. Köln 1: 1965/66 – 11: 1975/76, erscheint fortlaufend.

Was halten Sie von Oper und von Deutschlands Opernhäusern? Frankfurter Opernhefte. Frankfurt 1976/77, Nr. 6.

Abbildungen

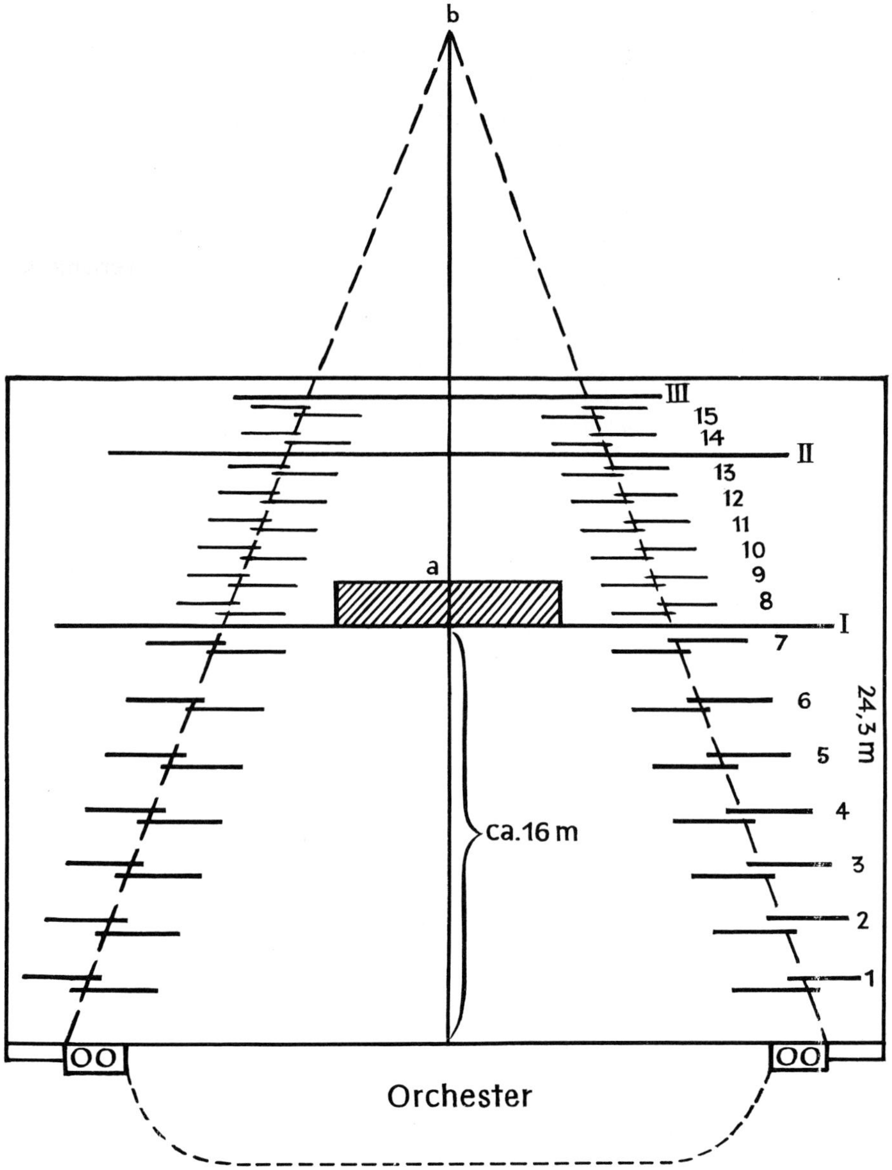

1. Der Grundriß der barocken Hamburger Opernbühne mit den parallel angeordneten, zentralperspektivischen Kulissenpaaren (vgl. dazu S. 19)

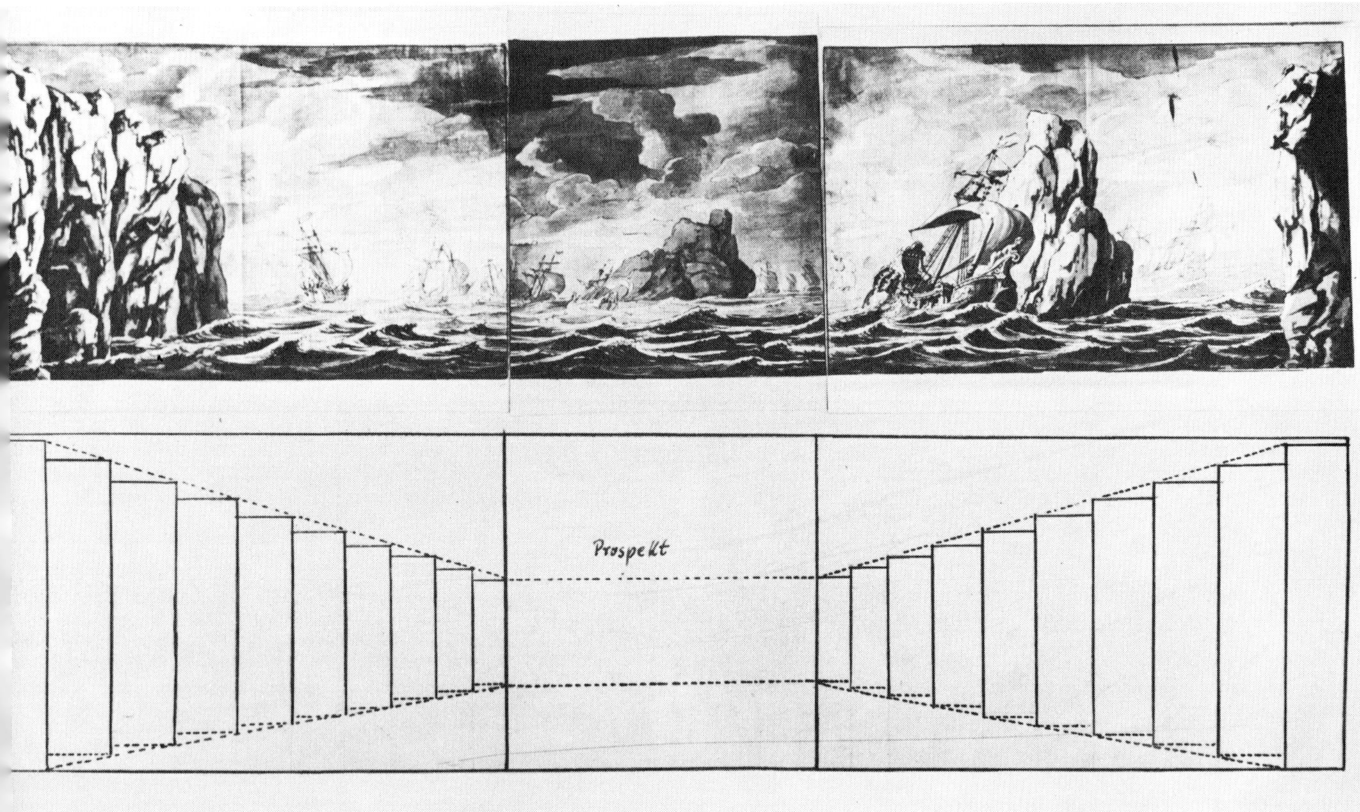

2. Szenenentwurf „Seesturm" des Hamburger Bühnenbildners Johann Oswald Harms (vgl. dazu S. 22f.)

3. Szenenentwurf „Wald" mit zentralem, nach vorn stoßendem Kulissenteil von Johann Oswald Harms (vgl. S. 23)

4. Bernd Alois Zimmermann: „Die Soldaten", Neuinszenierung an der Hamburgischen Staatsoper 1975 (Regie: Götz Friedrich, Bühne: Josef Svoboda, Dirigent: Hans Zender) (vgl. S. 65)

5. Gruppenbild aus Anton Schweizers Singspiel ,,Alceste'' mit dem Libretto von Christoph Martin Wieland, zeitgenössische Radierung (vgl. S. 44)

6. Szene aus dem Wiener Singspiel „Die Bergknappen" von Ignaz Umlauff, zeitgenössischer Kupferstich (vgl. S. 45)

7. Aquarellierter Szenenentwurf des italienischen Bühnenbildners Simon Quaglio für die Münchner Neuinszenierung von Mozarts „Zauberflöte" 1818 (vgl. S. 45)

8. Szenenentwurf des Malers Carl Wilhelm Holdermann für die Wolfsschlucht-Szene von Webers „Der Freischütz", Weimar (vgl. S. 46 f.)

9. Bühnenskizze von Richard Wagner zur Uraufführung des „Tannhäuser" in Dresden 1845. Zweites Bild mit Hinweisen zur Regie (vgl. S. 47 und S. 40)

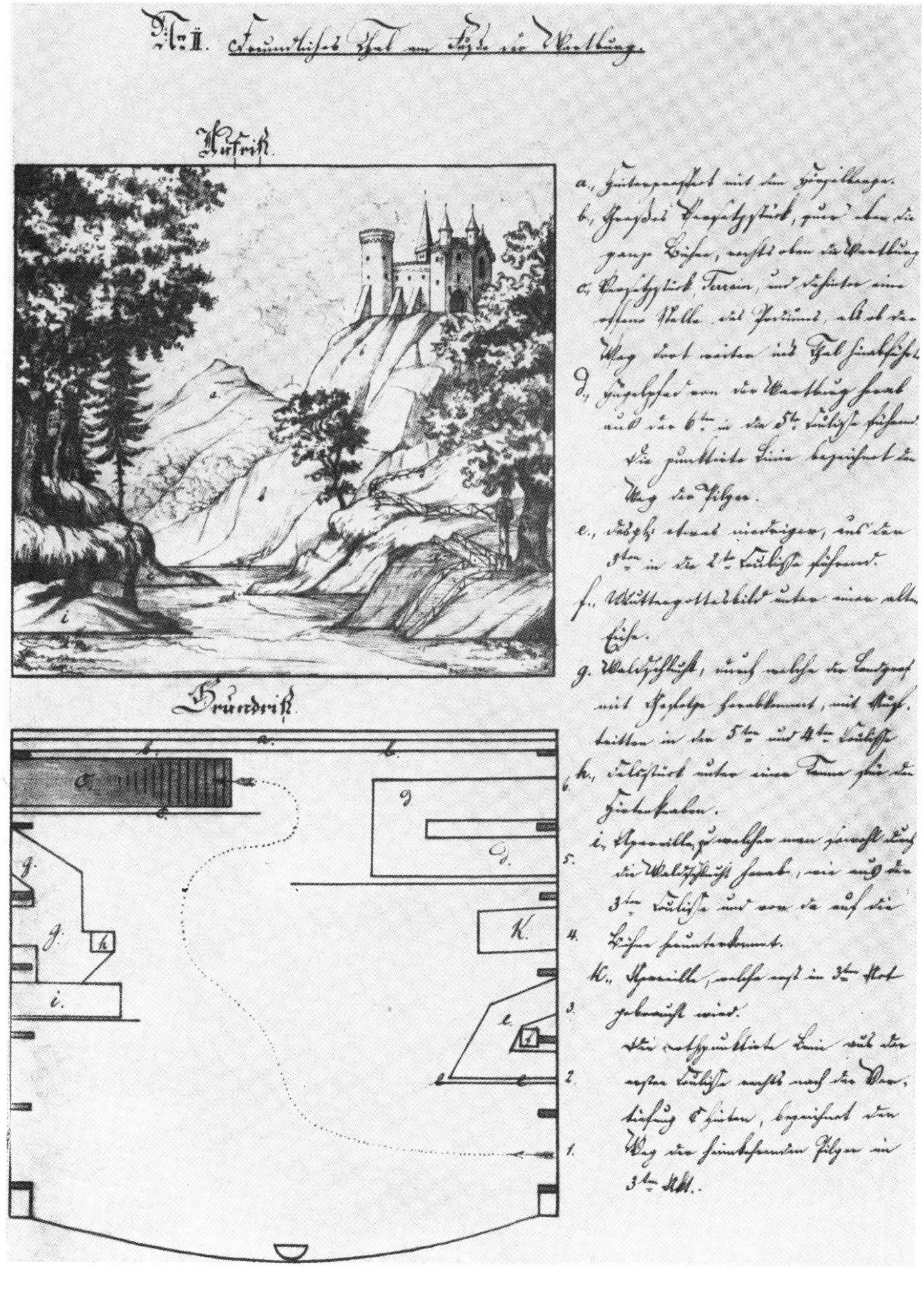
Aufriß
Grundriß

10. Der Schwimm-Wagen für die Rheintöchter in der ersten Szene von Richard Wagners „Das Rheingold", Bayreuth 1876 (vgl. S. 49f.)

11. Orchesterprobe bei den Bayreuther Festspielen 1882, Blick in den Orchestergraben (anonyme Handzeichnung) (vgl. S. 50)

12. Wagners „Tristan und Isolde", 1. Akt in der Bayreuther Neuinszenierung von Heinz Tietjen und Emil Preetorius 1938 (vgl. dazu S. 55)

13. Wagners „Das Rheingold", 4. Bild in der Bayreuther Neuinszenierung von Wieland Wagner 1966 (vgl. S. 55f.)

14. Wagners „Götterdämmerung", 3. Akt in der Bayreuther Neuinszenierung von Patrice Chéreau (Bühne: Richard Peduzzi) 1976 (vgl. S. 56)

15. Modellfoto des Bühnenentwurfs von Ewald Dülberg zu Beethovens „Fidelio", Berlin, Krolloper 1927 (vgl. S. 58)

16. Entwurf Ewald Dülbergs zum 2. Bild von Beethovens „Fidelio", Berlin, Krolloper 1927 (vgl. S. 58)

17. Entwurf des Bauhauskünstlers Laszlo Moholy-Nagy zu Offenbachs „Hoffmanns Erzählungen", Berlin, Krolloper 1929 (vgl. S. 58)

18. Entwurf Ewald Dülbergs zu Wagners „Tristan und Isolde“, Berlin, Krolloper (vgl. S. 58)

19. Die Deutsche Oper Berlin, Außenansicht (vgl. S. 66)

20. Wolfgang Amadeus Mozart: „Le nozze di Figaro", Regie: Götz Friedrich (Bühne: Herbert Wernicke) mit Julia Varady (Gräfin), José van Dam (Figaro), Barbara Hendricks (Susanna), Berlin 1978

21. Die Deutsche Oper am Rhein, Theater der Stadt Duisburg (vgl. S. 66)

22. Maurice Ravel: „Die spanische Stunde", Neuinszenierung von Otto Schenk (Bühne: Günter Schneider-Siemssen) Düsseldorf – Duisburg 1977

23. Die Oper der Stadt Köln, Außenansicht (vgl. S. 66)

24. Arnold Schönberg: „Moses und Aaron“, Neuinszenierung von Hans Neugebauer (Bühne: Achim Freyer) Köln 1978

25. Das Musiktheater Nürnberg, Außenansicht (vgl. S. 67)

26. Giuseppe Verdi: „Der Troubadour", Neuinszenierung von Hans Neuenfels (Bühne: Dirk von Bodisco) Nürnberg 1974

27. Das Opernhaus in Frankfurt/Main

28. Luigi Nono: „Al gran sole carico d'amore", Neuinszenierung von Jürgen Flimm (Bühne: Karl-Ernst Hermann) Frankfurt 1978

29. Das Nationaltheater München, Außenansicht (vgl. S. 68)

30. Das Cuvilliés-Theater in München von 1753, Innenansicht

31. Aribert Reimann: „Lear", Münchner Uraufführung in der Regie von Jean-Pierre Ponnelle mit Dietrich Fischer-Dieskau in der Titelrolle, München 1978

32. Städtische Bühnen Kiel, das Opernhaus am Kleinen Kiel (vgl. S. 70)

33. Georges Bizet: „Carmen", Szenenbild: Thomas Richter-Forgách, Kiel

34. Das Theater der Stadt Trier, Außenansicht (vgl. S. 71)

35. Mozart: „Die Gärtnerin aus Liebe", Neuinszenierung von Manfred Mützel (Bühne: Dorothea Wagner-Jaumann) Trier 1977

Bildnachweise

No. 1, 2, 5, 6, 7, 8, 9, 10:
Hellmuth Christian Wolff, Oper. Szene und Darstellung von 1600 bis 1900 (= Musikgeschichte in Bildern Band IV, Lieferung 1), VEB Deutscher Verlag für Musik Leipzig (o. J.)

No. 3: 300 Jahre Oper in Hamburg, hrsg. von der Hamburgischen Staatsoper, dem Museum für Hamburgische Geschichte und der Vereins- und Westbank im Hans Christians Verlag, Hamburg 1977

No. 4: Gert von Bassewitz, Max-Brauer-Allee 129, 2000 Hamburg 50

No. 11, 12, 13:
Der Festspielhügel. Richard Wagners Werk in Bayreuth 1876–1976. In Zusammenarbeit mit Dietrich Mack (Textauswahl) und Wilhelm Rauh (Bildauswahl) hrsg. von Herbert Barth, Paul List Verlag KG, München 1973; Taschenbuchausgabe: Deutscher Taschenbuch Verlag GmbH & Co. KG, München 1976

No. 14: Festspiele Bayreuth, Siegfried Lauterwasser

No. 15, 16, 17, 18:
Hans Curjel, Experiment Krolloper 1927–1931, Aus dem Nachlaß hrsg. von Eigel Kruttge (= Studien zur Kunst des neunzehnten Jahrhunderts Band 7. Forschungsunternehmen der Fritz Thyssen Stiftung, Arbeitskreis Kunstgeschichte) Prestel Verlag München (1975)

No. 19: Heinz Köster, Pöppelmannstraße 11, 1000 Berlin 41

No. 20: Harry Croner, Drakestraße 63, 1000 Berlin 45

No. 21: Presse- und Informationsamt der Stadt 4100 Duisburg

No. 22: Fred Kliché, Hüttenstraße 50, 4000 Düsseldorf 1

No. 23: Rheinisches Museum Köln, Bildarchiv, 5000 Köln

No. 24: Stefan Odry, Graeffstraße 37, 5000 Köln-Ehrenfeld

No. 25, 26: Peter Ruprecht, Hummelsteiner Weg 76, 8500 Nürnberg

No. 27: Seitz-Gray-Foto, Wilhelm-Leuschner-Straße 12, 6000 Frankfurt/Main

No. 28: Mara Eggert, Schweizer Straße 46, 6000 Frankfurt/Main

No. 29: Bayerische Staatsoper München, Pressedienst

No. 30: Sabine Toepffer, Habsburgerstraße 3/IV, 8000 München 40

No. 31: Anne Kirchbach, Alter Berg 20, 8135 Söcking-Starnberg

No. 32, 33: Joachim Thode, Kitzeberger Weg 32, 2301 Kiel-Mönkeberg

No. 34, 35: Trierischer Volksfreund, Böhmerstraße 30, 5500 Trier.

Wulf Konold, Jahrgang 1946, studierte von 1966 bis 1973 Musikwissenschaft, Literaturwissenschaften und Geschichte an der Christian-Albrechts-Universität in Kiel, von 1968 bis 1972 Theorie, Komposition und Viola an der Musikhochschule in Lübeck. 1974 Promotion zum Dr. phil. mit einer Arbeit über „Weltliche Kantaten im 20. Jahrhundert". Wissenschaftlicher Assistent an der Universität in Kiel, von 1975 bis 1976 Abteilungsleiter Ernste Musik beim Saarländischen Rundfunk, von 1976 bis 1978 Lehrbeauftragter an der Universität und der Musikhochschule des Saarlandes in Saarbrücken und freier Musikschriftsteller. Seit September 1978 Chefdramaturg des Musiktheaters Nürnberg. Zahlreiche Aufsätze in musikalischen Fachzeitschriften und Tageszeitungen, zahlreiche Beiträge für alle deutschen Rundfunkanstalten.